PETIT TRAITE DE PHILO-FOLIE OU LE MIRAGE D'UNE SAGESSE AFFOLEE

Hugues Ducaire

PETIT TRAITE DE PHILO-FOLIE OU LE MIRAGE D'UNE SAGESSE AFFOLEE

© 2018, Hugues Ducaire

Edition : Books on Demand,
12/14 rond-Point des Champs-Elysées, 75008 Paris
Impression : BoD - Books on Demand, Norderstedt, Allemagne
ISBN : 9782322162666
Dépôt légal : Septembre 2018

Avant-Propos

Voilà qu'il devient inquiétant à l'heure où le monde pense avoir achevé son histoire avec l'irrationnel que nous tentons de pratiquer avec un fébrile élan, un sauvetage de la folie à travers le prisme des limites que nous impose notre raison devant l'invisible qu'elle croit funeste mais qui paradoxalement pourtant captive notre attention.

Cette raison qui tressaillit, au moment où jaillit en moi une voix m'appelant, que dis-je, m'invitant à franchir la porte de ce que cette même raison qualifie de tourmente. Elle a peur d'être abandonnée, de ne plus avoir le contrôle si je m'y aventure.

Que dois-je faire ? Dois-je plonger à pas chassé ou refuser de m'y jeter pieds et mains liés dans cet engrenage troublant et inquiétant dont le retour marquera à jamais le probable passager que je suis.

Malgré la vivacité de mon esprit, je sens encore que je suis en train de résister, exercice quasiment difficile, je dois l'avouer. Cette lutte se traduit par une détermination à taire toutes ces centaines de voix que j'entends.

« Entends ma voix », me suggère quelqu'un. Serait-ce le bon sens ? Ma conscience ?

Un malin génie ? Et si Descartes avait raison, j'ai l'impression de l'entendre soudain. Pendant que je m'interroge, je ressens qu'il me faut urgemment régler ce déchirement.

A l'évidence, dans ce tumulte, une seule voix mérite d'être écoutée. Pour avancer, il me faut suivre le chemin, sans m'égarer. Il n'est nullement question pour moi de devenir comme ces esprits égarés qui n'ont pas pu triompher de ce doux envoûtement.

Les voilà continuant à s'interroger sur le chemin qui les y a conduit, n'ayant pris aucune précaution. Il faut, je vous le dis, semer des graines, planter des clous, emporter avec soi un peu d'outils, des marqueurs, disent les psychologues, ultimes moyens permettant d'assurer son retour en avant, oui en avant parce qu'après cela, on n'est plus le même.

Soit, on y laisse des plumes, soit on en tire quelque chose. Les uns perdent l'ordre des raisons, les autres gagnent les raisons de l'ordre. Nombreux pensent qu'on perd parfois les raisons de l'ordre. Mais ceux qui le pensent, ont-t-ils fait ce voyage ? Ont-ils goûté comme

Ulysse à ce parfum enivrant du vent qui souffle et qui nous conduit vers des terres inconnues ? Ce même vent qui nous ramène plus pressant chez nous ?

Ils s'affublent du statut de juge et à ce titre pensent qu'ils possèdent la raison bien aiguisée qui les invite à qualifier de non-sens la pensée des gens qu'ils ne comprennent pas. Mais en réalité, n'est-ce pas leurs limites qui les invitent à ne point comprendre cet « insensé ».

Un autre a, au nom de la raison, préféré tuer Dieu. Certains y ont compris le besoin de s'émanciper. Mais n'en demeure, à cause de celui-ci d'autres ont à cette mort et par conséquent que tout était permis.

Quel accès de folie touche ces savants, ces hommes célébrés par la société ; elle-même savante ? De sacrés manipulateurs de mots. Ils le font avec brio, tellement bien et savent jouer avec leur ordonnancement qu'on serait presque convaincu de la sagesse de leurs propos.

Possession d'une tradition à l'envers ou dépossession d'une tradition à l'endroit, attitude grossière d'un groupe d'individus vaniteux ou attitude d'individus (fidèles à gribouille) ayant été privés d'une expérience fantastique de la présence d'un monde invisible bien organisé où le devoir de savoir participe de la survie de l'humain ?

La vie dans le jardin d'Éden

Les Saintes Écritures nous présentent la vie d'un Adam nu et vivant dans le jardin d'Éden sans que cette situation ne le conduise à éprouver une quelconque gêne. Sans que cela ne provoque chez lui une honte.

Ainsi, comme les animaux qu'il côtoyait, sa peau lui servait de couverture, les scientifiques appellent cela la thermorégulation. Ce phénomène, très banalisé par les humains, témoigne pourtant du caractère spécial de l'homme fusionnant avec la création.

Nous avons tous constaté que sous le poids de la chaleur, les glandes sudoripares sécrètent la sueur. Celle-ci, une fois évaporée, permet le refroidissement de l'organisme. La peau est quelque chose de très étonnant. Elle se présente comme un organe réparant et régénérant les cellules. C'est également un outil efficace de transmission ou de communication du flux émotionnel qui circule en nous.

Vous avez peur, en quelque secondes, la chair de poule vous traverse et vous savez que quelque chose est en train de se passer. Vous êtes gêné, vous voilà en train de rougir.

Pour revenir à cette vie dans l'Éden, Eve va également partager avec Adam, ce privilège d'un vécu sans linge à laver. Sans une identité construite et nourrie par le souci d'une démarcation aux autres à travers le type d'habit porté, par la volonté de se réclamer d'une classe sociale distincte des autres.

Voilà un couple qui vivait nu dans un environnement paradisiaque sous le regard amical des animaux et des Anges. Étaient-ils normaux ? Notre société hyper civilisée, conduite par des bonnes langues diraient que ce n'est pas normal, que c'est immoral ou tout simplement que c'est l'acte d'un couple atteint de maladie mentale.

Alors, je m'interroge, nous faut-il tenir un discours semblable ? Couple anormal ou immoral ? Où était donc la raison ? A cette question, certains me diront probablement que la raison était endormie. Ce qui m'emmènerait à leur demander : dans quel endroit avait-elle décidé de se reposer ? Et on pourra probablement s'accorder à dire : quelque part en eux assurément.

La poursuite de la lecture des Écritures nous fait découvrir un fait marquant qui va changer de manière considérable le regard du couple sur lui-même, couple pourtant habitué à vivre une vie paisible.

Tout commence à partir de la transgression de l'interdit, nous dit-on. La femme, se promenant dans la verte vallée, va être induite en erreur par le « serpent ». Je suis tenté de croire que l'absence de téléphone ne lui permettra pas de contacter son mari pour lui présenter la proposition du serpent. Celui-ci aurait probablement, par ce canal, pu empêcher que l'irréparable ne se produise.

L'expérience du Jardin nous montre qu'il ne faut pas laisser la femme s'éloigner de la surveillance de l'homme. Cela peut avoir pour conséquence de la rendre plus disposée à considérer la proposition indécente du charmeur. La suite, nous la connaissons, ils mangèrent du fruit défendu et se rendirent compte qu'ils furent nus. Puis, ils ont cherché à cacher cette nudité à leur Père. Très remonté, Il leur a demandé : « qui vous a dit que vous êtes nus ? ».

Nous allons nous arrêter un moment pour comprendre que toute révélation ne peut être faite qu'avec la participation d'un élément ou d'un sujet déclencheur. Lorsqu'elle est anticipée par une personne non indiquée, elle est suivie d'une punition. C'est ce que nous révèlent les Écritures en indiquant que le couple sera chassé du Jardin d'Éden et écopera d'une lourde sentence ; il en a été de même pour celui qui a eu la charge de la révéler.

Nous voyons donc que l'avènement de la raison ou le réveil de la raison a été en réalité le fait d'une ruse. Celle, qui a longtemps été considérée comme la bien-partagée d'entre tous, au risque de se méprendre, serait-elle apparue pour nous éloigner du calme, de la paix, de l'amour, du bonheur ? Que suscite-elle alors, bonnes/mauvaises intentions ou bonne /mauvaise actions.

Nous recommanderons selon le contexte de se méfier des chemins parfois sinueux qu'elle peut emprunter. Puisque le couple marchait nu sans se sentir choqué, il peut apparaître ici que marcher nu n'est devenu choquant que parce que la raison le leur a suggéré ou commandé. Il peut donc être intéressant de se demander les raisons qui poussaient ce couple à marcher de la sorte au paradis ?

Notre conscience ou notre inconscient nous offre-t-elle/il des raisons qui nous amènent à comprendre pourquoi quelqu'un marche-t-il nu ? Entendons-nous bien, je ne parle pas des nudistes, car les raisons qu'ils donnent n'ont rien à voir avec l'existence d'un autre monde ou une philosophie tournée vers le détachement de l'être, pour libérer l'esprit.

Ayant dit cela, vous comprendrez aisément que notre intention n'est pas de pousser les gens à adopter des comportements « déviants ». Loin de là, il s'agit par contre de chercher à comprendre comment s'est construite l'idée selon laquelle celui qui marche nu est anormal ou fou.

Et je peux percevoir chez certaines personnes, choquées par mes propos, l'envie de me crier dessus au nom des règles bâties par la société. Oui, c'est la société qui décide de ce qui est de l'ordre du normal, au même titre qu'elle détermine ce qui est de l'ordre du pathologique.

Pourtant, cette norme définie par la société est d'abord propre à une culture donnée. En ce sens, elle ne doit pas être vue comme universelle. Il serait donc bien étrange de comprendre que sans avoir expérimenté une chose, certains se donnent le droit de la nier.

Je comprends que la tentation de se servir du langage est grande, que le désir d'utiliser des propos appartenant à un autre est fort.

Mais quand cet autre décrit malheureusement une « réalité » qu'il ignore en se cachant derrière la science, on peut se demander de quelle science il s'agit.

Devant l'évidente assertion que chaque société ou groupement d'individus fonctionne avec des règles et à partir de celles-ci chacun sait comment il doit se comporter, il est tout aussi évident que certaines règles poussent certains individus à commettre des actes transgressifs chaque fois qu'ils en éprouvent le besoin ou chaque fois que la tentation prend le pas sur eux. L'exemple des Écritures constitue un beau témoignage, n'en déplaisent aux athées.

Leur représentation du monde basé sur le principe de réalité, somme toute limitée, fait d'eux finalement des assassins de Dieu qui ont vite fait de devenir des pâles copies de ces demiurges aux pensées destructrices. Tout est blanc dans leur monde et personne ne peut y apporter une couleur différente.

Curieusement, alors qu'ils ne sont pas à l'origine de ce monde, de sa création, ils s'appliquent à présenter d'innombrables théories (propres à leur réalité) pour justifier des postures, qu'une voix, parmi tant d'autres, fait résonner en eux. Conséquence d'un jugement (mal) raisonné ?

Ils sont comme ceux qui, bien courageux n'ont pas apporté du vin à la table du géant et encore moins préparé la soupe, s'asseyent en criant à boire, à boire, à boire.

Pour revenir à notre nudiste inspiré, mais trop souvent et rapidement condamné par la société, Ronald Laing, fondateur de l'antipsychiatrie, considère qu'il est tout à fait possible d'être beaucoup plus ouvert à la pensée de celui que celle-ci dénomme « fou ».

Il considère que le malade mental vit une angoisse telle, qu'il doit inventer des stratégies spéciales pour survivre dans des conditions impossibles. Cet étonnant et intéressant personnage perçoit la folie comme une réponse sensée à un environnement social fou. Une telle considération, nous interpelle à plus d'un titre car elle nous invite à faire attention au sens du discours du « fou », sans le condamner par avance parce que nous sommes les formatés de la société et que c'est en son nom qu'on regarde tout sous son empire.

Cette forme de conditionnement par une société qui fait de nous des étrangers de ce monde en nous rendant tous fous les uns les autres à travers la création de manques, le désir de les combler à tout prix, doit nous inquiéter. Je terminerais ce point en reprenant les propos d'un penseur anonyme : il faut savoir tirer les erreurs de son passé, s'inquiéter de son futur et y travailler sans relâche.

Pourquoi la raison qui sait tout n'arrive pas à la mieux cerner ? Pourquoi la raison identifie la folie comme la chose à proscrire ? A y regarder cet Éden de plus près, seul un fou pouvait jouer sans crainte d'être mangé avec des animaux terrifiants, pouvant parler avec les anges sans être affolé ou rencontrer le Créateur sans s'évanouir comme Abraham. On peut croire que la raison a donc sa folie (dans le sens de limite originelle) que la folie connaît et la folie a donc sa raison que la raison ignore.

La raison ou le génie de la lampe

« Laisse-moi sortir, je te ferai profiter de mon savoir car tout te sera révélé », ainsi s'exprime la malicieuse raison. A cause d'elle, l'homme a dû gagner son pain à la sueur de son front, lui qui ne manquait pourtant de rien. A cause d'elle, des guerres sont menées, des États sont conquis et des morts jonchent les sols.

Pourtant le coupable qu'elle présente aux savants et que les savants ne se lassent de nous présenter, c'est la folie. La folie meurtrière des tyrans, disent les uns, la folie des grandeurs, ne manquent pas d'arguer les autres.

Mais la palme revient à la folie passagère du possédé. Sous le trait d'un jeu de sept familles, tout semble s'éclaircir. Ainsi dans la famille de la raison, je demande le coupable : la folie.

Ce qu'il y a d'assez curieux c'est que quand quelqu'un manque de souffle et qu'il faut l'aider à respirer, tout se passe bien dès le moment où on arrive à le distraire. Une telle prouesse n'est rendue possible que par un effort considérable, de quelque quelques secondes, de mise en veille de la raison.

La personne, se trouvant en état de choc, effrayée par l'idée de mourir ne pouvait pas s'empêcher de laisser libre cours à cette réflexion multi-vocale.

C'est seulement une fois libérée de cette peur, qu'elle peut enfin commencer petit à petit à se calmer. Dis de cette façon, on peut croire qu'il y a beaucoup plus de paix quand on se libère du poids de la raison. D'ailleurs, ne considérons-nous pas la vie difficile parce qu'on prend conscience des problèmes que nous avons ?

Je vais me permettre de reprendre le jeu de mots de ce jeune profane s'initiant à la philosophie et pris par une envie dérangeante de déformer le sens des mots raison et folie. Il fit le choix de les torturer de la sorte. Ainsi raison devenait Ré-son (Dieu-fils ou fils de Dieu) et folie devenait faux-lie (lié par le faux). Il fit le pari de considérer que son imagination ne pouvait l'induire en erreur en lui proposant cette « analyse ». Qu'il soit permis à ce voyageur cosmopolitique, entendez par là, quelqu'un qui parcourt la cité universelle par la pensée et qui en parle aux résidents d'une infime partie de ce multi-univers, de rappeler que les plus grands penseurs de ces derniers siècles ont tous été rattachés à des organismes secrets. Ces organismes se réunissaient aussi secrètement que possible dans l'optique de changer non pas la face du monde mais plutôt l'ordre du monde.

Ils ont donc développé des théories liberticides du pouvoir de l'esprit en encourageant les gens à devenir athées. Il ne s'agit pas d'un procès d'intention, mais par amour pour la création et la créature, le silence n'est pas de mise.

Je peux comprendre, qu'on soit amené à ne pas croire en un politique qui s'accommode de bien de revirement après avoir obtenu les suffrages du peuple. Mais là encore, au lieu de réclamer de lui qu'il respecte ses engagements, les gens se détournent de ce qui est pourtant fondamental, et choisissent la résignation, aussi incroyable que cela puisse paraître.

Mais ce qui est plus étrange, c'est qu'ils procèdent de la même manière par rapport à ce Dieu auquel ils croyaient et dont ils estiment avoir été trompés, au nom de promesses non tenues ou de soutien non effectif. Quel intérêt ils ont à faire ce parallèle ? Le politique, ils l'ont entendu et voté, mais est-ce le cas de leur Dieu ? L'ont-ils entendu et voté ? Cette attitude devient un tantinet suspect, ne pensez-vous pas ? Comment accusez quelqu'un qui ne vous a rien dit ou promis ?

Ah oui, dans les Saintes Écritures, il est égrené un chapelet de promesses à celui qui croit, me direz-vous, n'est-ce pas. Mais à ce niveau, Jésus (J'AI SU), un autre jeu de mot admirable de ce jeune débutant en philosophie, rassurant ses fidèles leur disait qu'ils ne resteraient pas seuls. Pour les aider à mener leur mission, il leur enverrait l'Esprit Saint ; afin que par Lui, les gens feraient ce qu'il a accompli et bien plus encore. Voilà une promesse très intéressante et qui après une période très courte s'est réalisée, permettant ainsi aux disciples de faire des miracles.

Alors pourquoi plus de deux millénaires après le nombre de personnes capables de poursuivre les actions miraculeuses des disciples a considérablement diminué alors que celui des prophètes, pasteurs, prêtes augmente à la vitesse de la lumière.

On aurait dit des abonnés à la pensée morte, des assassins de la Parole, une guilde de personnes cupides, de menteurs et de malicieux. Loin d'être effrayés par ce qu'ils ne voient pas, n'hésitent pas à abuser de l'état de faiblesse d'une population en quête de sens, de signes. Ils leur promettent de les mettre en lien avec le Créateur de toutes choses, de les engager dans un contrat personnel avec Lui.

Cela me fait penser à la signature qu'on appose à la fin du contrat et qui garantit à celui qui le reçoit que le signataire est prêt à s'engager avec lui. Mais dans un tel cadre, en vérité, il y a une des parties au contrat qui attend le signe car il considère qu'il a joué sa partition.

Cela me rappelle l'histoire d'un homme à qui un banquier avait promis de lui prêter de l'argent s'il parvenait à réunir une certaine somme en guise de capital de départ. L'homme, fit tout pour entrer en possession du montant exigé et ensuite se présenta fièrement chez le banquier, en lui demandant de bien vouloir honorer à son engagement. Êtes-vous comme cet homme ? Si oui, qu'avez-vous demandé à Dieu qui ne vous a pas été donné ? Qu'avez-vous fait en retour pour que la promesse soit tenue ?

Voilà qu'à peine lancé dans ce questionnement, une voix me rappelle ce jeu plaisant et pourtant malicieux qui faisait le bonheur des enfants d'une certaine époque, c'est le « je te tiens, tu me tiens, par la barbichette, le premier de nous deux qui rira aura une tapette ».

Profitant de la perfusion habilement réussie dans mon esprit de cette chansonnette, j'invite chaque lecteur à la pratiquer dans la journée avec un proche pour voir qui d'entre vous rira le premier. Ensuite de se pencher sur la tapette qu'il vous faudra donner à l'autre ou celle qu'il vous donnera.

Incontestablement, si l'autre est un de vos proches à qui vous voulez du bien, la tapette sera douceureuse. Mais qu'elle aurait été la charge reçue si ce prochain était informé que vous ne lui voulez pas du bien ou que vous pensez du mal de lui. Assurément la réception aurait été moins agréable. Alors la question se pose, peut-on signer un contrat sans avoir lu tous ses articles, en ignorant les avantages et les inconvénients ?

L'Homme est incroyable, n'est-ce pas ? Invité dans ce monde, il pense pouvoir décider de comment les choses doivent se faire, se présenter, s'organiser. Il pense aussi décider des moyens qu'il doit utiliser pour y arriver et de ce qu'il doit obtenir sans considérer que ce monde, non seulement est plus âgé que lui, mais qu'il regorge des milliers de surprises et de mystères.

Tiens, en parlant d'ancienneté ou d'antériorité, c'est quand même inquiétant de constater que les moins âgés ont du mal à respecter les plus âgés. Voilà une société qui se refuse à consulter des gens qui ont une certaine sagesse. La justification toute trouvée, une sagesse

nouvelle ramassée à la petite cuillère : le renouvellement des idées, de la classe politique ou des nouveaux enjeux.
Tout cela mis en avant par cette nouvelle classe de « moins âgés ». Ils auraient bien raison, si ces sages n'existaient pas. Or, il y en a en nombre suffisant sur cette terre. Ces personnes qui ont acquis l'autorité de l'âge reçoivent plus d'informations sur l'équilibre du monde qu'un jeune qui passe son temps à surfer sur internet. Le bruit les insupporte. Ils recherchent la paix et le bien-être des leurs, plus détendus, ils peuvent désormais se raccorder à la fréquence de la plus grande chaîne radiophonique de l'Univers. On peut se demander alors comment ces moins âgés n'en sont-ils pas conscients ? Pratiquent-ils la « science des … » ? Le lecteur est invité à cette torture langagière qui consiste à trouver des qualificatifs honteux aux personnes qui même devant l'évidence des apparences préfèrent l'aveuglement.

Le silence des agneaux et l'art des loups

La société, bienveillante à l'origine, protectrice dans sa phase de construction, pratique de nos jours une chasse malsaine à l'endroit des « anciens ». Voilà un beau mot qui a perdu tout son sens. Est-ce à cause des déchirements multiples qu'elle a connus, que la société est devenue si encline à tout réformer, déformer et finir par se déformer.

J'ai eu l'occasion comme beaucoup d'entre vous, je l'espère, de discuter avec un de mes grands-pères, qui avait participé à la guerre d'Indochine. Appelé affectueusement papa sergent, il était un jeune soldat, qui, comme la majorité d'entre eux, a défendu les intérêts de politiques « raisonnées », de politiciens considérablement diplômés. Ces hommes insuffisamment instruits non pas sur l'art de la guerre mais sur l'art de la paix.

En un mot, ce sergent a fait le boulot. Il a rendu service et heureusement pas l'âme. Il a vu les horreurs de la guerre, connu la souffrance qu'elle infligeait et supporté de voir mourir ses frères d'armes.

Cette expérience lui permettait de s'étonner de constater la présence malsaine de spécialistes toujours convaincus qu'il n'y a pas suffisamment de guerres et de morts. Il ne comprenait pas que sur des chaînes de télévision, ces spécialistes de la défense (souvent conseillers stratégiques dans des ministères), deviennent des spécialistes de l'offense et de la défiance. Que ces spécialistes en stratégie militaire, viennent expliquer comment mettre fin à un régime, que certains autrefois avaient nourri de leurs conseils, sans pouvoir mesurer l'impact de ce genre de déstabilisation sur le devenir d'une population.

Mon grand-père n'a pas aimé faire la guerre, mais là-bas, dit-il, il fallait se défendre, ne pas mourir. C'était précisément de « tuer sans être tué », pour reprendre une expression chère à James Bond.

Ces hommes parfois aux commandes d'un pays et qui veulent l'entraîner dans la guerre n'ont jamais demandé ni à mon grand-père ni aux victimes ce qu'ils pensent de la guerre. Non, ce n'est pas vrai, je devrais plutôt dire, qu'il se dégage l'impression que les dirigeants et les spécialistes n'entendent vraiment jamais ce que les victimes disent de la guerre. Bien au contraire, les allocations budgétaires des ministères de la Défense augmentent toujours au fil des années.

Je ferme la parenthèse pour revenir à ce jeune qui a servi et qui une fois âgé est conduit, voir chassé dans une maison de retraite, loin de la chaleur familiale et des petits-enfants qui ont besoin de ses histoires, de ses souvenirs. C'est l'histoire des sociétés dites développées qui considèrent que les petits-enfants ont mieux à gagner en étant sans cesse connectés à internet, éduqués par des machines distributrices de bonbons, soumises à leurs volontés (allumer, éteindre, pause, relancer, fin…). Évoluant dans ce genre de société, comment leur viendrait l'idée d'une quelconque utilité d'un grand-père ? Après ne soyez pas ahuris, atterrés vos jeunes ne respectent plus les aînés et les tuent (maîtresses, professeurs…).

Le problème est devenu général, tous les continents sont concernés, la version la mieux partagée est de dire que le monde s'est globalisé. Pourtant on sait depuis Galilée que le monde est un globe, certes, trop ou plus connecté qu'avant, plus relié aux réalités des uns et des autres ; avec son lot d'avantages et d'inconvénients.

Personne ne s'implique assez dans la réduction des inconvénients de cette globalisation imaginée en l'état pour n'engendrer que des monstres. Personne en effet et du moins pas les têtes pensantes, ces « esprits éveillés », dont parle l'autre, qui, elles, sont résolument engagées à ne penser qu'à un monde en guerre.
Oui, vous avez raison, ces gens ont choisi librement de vous écouter (me diront-ils), alors qui suis-je pour parler en leurs noms ? Mais pourquoi lorsqu'ils vous disent qu'ils n'en peuvent plus, vous insistez, persistez en brandissant avec un fort élan à l'odeur d'un patriotisme nauséeux un contrat dit social.
Nous y voilà, vous aussi êtes, au même titre que certains hommes d'église, l'autre partie signataire du fameux contrat. A quel moment et au nom de quoi vous vous arrogez le droit d'agir de la sorte ? Que dites-vous, je ne vous entends pas bien ? La révolte ? Vous êtes donc des révoltés ? Contre quoi ou qui ? Êtes-vous de ceux qui se réclament assassins de Dieu ? Etiez-vous à son enterrement ? Avez-vous son cercueil ? L'univers s'est-il éteint avec Lui ?
Non mais soyons un tout petit peu sérieux et réfléchissons en toute humilité. L'avantage avec certains mots c'est le poids de leur sens, mais aussi le sens de leur poids. Soyons

humble, pour des personnes, qui devant un simple virus, sont privées de cette même vivacité, rampent, souffrent, meurent. Dieu n'est pas mort. Les miraculés existent toujours et les forces invisibles aussi. Sachons donc sagesse gardée. Vous dites ? Laïcité ? Est-ce l'arme fatale contre Dieu comme la ciguë l'a été pour Socrate ? Nous en reparlerons plus loin. Entre vérité et mensonge, l'ignorant choisit d'aller à la pêche (seul moyen sûr de nourrir sa maisonnée). Peut-être aussi parce qu'il peut sembler plus simple de pêcher du poisson que de pêcher des hommes (tâche qui plaît désormais aux politiques plus qu'aux hommes de Dieu).

Les interprétations sont nombreuses, mais au regard des comportements évoqués, on peut croire que le champ des perspectives se trouve réduit. Mais en réalité, soumettre l'homme aux vices est-il plus facile que de l'orienter vers la vertu ? Bien que la réponse s'impose, vous verrez qu'un bon nombre de personnes, guidées par la profondeur de leurs œuvres ou de leurs âmes, c'est selon, trouveront à redire.

Cela m'importe peu, car l'action qui devrait animer les personnes dépossédées de l'esprit du jaloux (pour parler comme le pasteur) et qui apparaît fondamentale est de chercher à changer le désordre du monde pour enfin rétablir son ordre et se reconnecter à la face de l'univers.

Appel aux bonnes mœurs

J'ai appris de personnes sages que le corps de la femme est un temple. Ensuite, j'ai lu dans de nombreux livres que le temple est un lieu sacré et mystérieux. Puis, je me suis demandé pourquoi partout ce corps se dévoilait si facilement.
A l'évidence, cette tendance n'est pas le fait de femmes mariées. Alors qui sont-elles ? Des célibataires, des libertines, des libérées ?
On nous assure que depuis les Origines, le corps de la femme est réservé à un homme dans le but sublime de ne faire qu'une seule chair. Or, nous l'avons dit, la manière dont il est aujourd'hui exposé, photographié, dénudé, chosifié, banalisé, répertorié, schématisé, vulgarisé, violenté, violé… Pour certains cela frise l'indécence, pour d'impitoyables membres de communautés religieuses très engagées ce ne serait qu'abomination, tandis que pour les fidèles défenseurs d'une exhibition tous azimuts, il s'agit simplement d'un spectacle

artistique sublime où s'entremêlent passion et partage.

Ce dernier groupe de défenseurs ne comprend pas assez le procès qui est fait à l'encontre de ces spécialistes du phénomène baptisé « approchez ! Regardez ! »

Or, les choses sont pourtant claires, comment après tant de lutte acharnée pour l'égalité des sexes (tout domaine confondu), des années de protestations (pas de tout repos), d'emprisonnements (dans des conditions ignobles parfois), de pressions multiformes, la femme a finalement préféré obtenir de notre société civilisée, le droit d'exposer ses cuisses sous de petites jupes. Autre victoire, elle a pu vendre sa silhouette à prix d'or lors de spectacles de « miss quelque chose », et utiliser son corps pour la promotion de vêtements, qui ne se vendraient probablement pas si celles-ci n'arboraient ni ce déhanchement de déesse, marque déposée de mannequin ; ni ces peintures finement et professionnellement déposées sur leurs visages et communément appelées maquillage.

Par un jeu de séduction perverse, elles sont redevenues des femmes battues ou à l'occasion des donneuses de fouets, dans une relation sadomasochiste qui ferait pâlir son illustre père le très célèbre Marquis de Sade.

A en croire certains spécialistes d'une psychologie divinatoire, il faut regretter que la précarité de certaines femmes les ait conduits à se désarmer, à baisser le voile de la candeur, à sacrifier si instinctivement les efforts de ces grandes activistes de la première heure, engagées dans un plaidoyer en faveur des droits de la femme.

Oui, ces activistes, parties de femmes soumises pour acquérir plus-tard le statut de femmes engagées, puis de femmes enragées, tellement la mobilisation s'est souvent faite au péril de leur vie. On peut donc s'étonner encore et toujours de ce qu'à notre époque, les femmes contribuent nettement à la progression des maisons de plaisirs, des maisons qui sont au demeurant leurs prisons sexuelles.

Ce retour vers le passé, cette rétroaction correspond-elle à un nouveau malaise dans la civilisation ?

Faut-il interroger la psychanalyse pour nous faire comprendre que l'aveuglement dont elle souffre à des origines narcissiques ? Cacher son corps ne serait-ce pas offensant, se disent-elles assurément. Un si beau corps, de si belles formes ne devraient-elles pas être mises en valeur ? Alors que dire de celles dont la société juge les formes difformes ? Tout doit être exposé, vous le pensez vraiment ? La présentatrice de la météo à la télévision doit-elle être vêtue d'une robe de marque courte et tendance ? Est-ce la météo qui nous intéresse ou le spectacle envoûtant de ses déplacements sur la carte et de son sourire provocateur ? Des éveilleuses de pulsions mais lesquelles ? Pulsion de mort ou pulsion de vie, telle est la question. Car si l'exhibitionnisme attire un potentiel aimant (du verbe aimer), il aimante (du verbe aimanter) l'agressif ou le violeur notoire. A qui la faute ? Au marketing devenu si intelligent et si puissant qu'il n'hésite pas à aviver les pulsions les plus enfouies chez des gens au demeurant présentables ? A la société désemparée, déstructurée, aliénée, aveuglante, outrageante, à la santé mentale fragilisée ? Ou finalement à l'individu lui-même, pêcheur par nature et dont le désir inavoué n'est pas de se repentir mais de nager dans les eaux troubles du contrat pathologique signé avec le ça et dont la finalité est de déboucher sur une société chaotique. Cette fin apocalyptique qui ne sera pas imputable à la femme, comprenons-le bien, trouvera refuge dans la tendance globale des gens à banaliser les choses les plus évidentes.

Au nom des femmes, des guerres ont été décrétées, doit-on le nier ! Je ne pense pas. Il ne s'agit pas de chimère ou une fable, comme le penseraient certains. Cette régression a un sens, insensé, si l'on considère l'annonce des événements tels que décrits dans la Bible. Aussi, faut-il parfois s'inquiéter des défenseurs d'une liberté qui doit résister à tout, une liberté tout terrain, une liberté finalement 4x4. Ces derniers font du bien et rassurent les adeptes de cette tendance. Ils donnent l'impression de vouloir tenter vainement d'ériger la liberté en religion. Ils bâtissent des théories puissamment structurées et intellectuellement construites pour donner l'illusion qu'ils ont raison. D'où tiennent-ils cette certitude qu'ils brandissent tels des victorieux d'une coupe de Ligue des Champions ?

Ainsi, leur liberté est de croire en leurs propres théories et de douter de l'évidence. Belle religion en effet. Bâtie sur leur hardiesse, leur habilité à manier les mots dans une langue dont ils sont les héritiers mais dont ils ignorent les premiers mots qui ont été prononcés par les Premiers Hommes. Grâce à leur religion (la Liberté), ils ont pris la liberté d'imaginer que des hommes en proie à des crises d'angoisse si fortes et si paralysantes ont été obligés, pour se sentir mieux, d'imaginer un être supérieur, Père de la Création, Bienveillant qu'ils retrouveront à leur mort. Je sais c'est un tantinet caricatural mais c'est pourtant comme ça qu'il faut résumer leur position. Le sentiment d'être observé, contrôlé et jugé les horripile. Ils me donnent l'impression de se sentir nus, eux aussi, comme Adam et Eve. Je comprends donc qu'ils refusent d'admettre l'existence de Dieu, car son admission, fragilisant leur liberté, les rendrait vulnérables. Ont-ils mal ressenti le fait que Dieu ait chassé Ses enfants ? Redoutent-ils d'être chassés, maudits à leurs tours comme Galilée, Spinoza, ou brûlé comme Giordano Bruno et de nombreux autres ?

La liberté de choisir qui prier, à l'heure où tous les continents sont reliés grâce à l'évolution des transports (terrestres, maritimes, aériens, communications…), doit être vue comme absurde. Ceux qui prient un Être avec qui ils ne peuvent pas communiquer, même par le canal de ses envoyés ont un problème. Les bonnes mœurs ne sont pas dictées par les hommes, elles sont reprises par eux et présentées à leurs semblables. L'Homme a pensé qu'il a tout inventé, c'est grossier, il a toujours essayé de reproduire ce qu'il a vu (quelque part, on le lui a montré), entendu (quelque part, on le lui a soufflé). Il a essayé de transformer le monde (parfois de la mauvaise des manières). Il a globalement échoué.

C'est pour cela que le monde souffre, que la terre suffoque et que les Hommes veulent aller vivre ailleurs (la tendance est de quitter la terre). Alors qu'ils n'en tirent aucune leçon, ils s'érigent paradoxalement en donneur de leçon. Ce qui est étrange c'est qu'il donne même des leçons de savoir-vivre aux animaux et insectes, aux plantes et aux minéraux.
Au nom de la liberté, leur religion, la femme se donne le droit d'avorter, elle est soutenue, encouragée, vénérée. Ils appellent ça le planning familial. Il sonne beau ce nom vous ne trouvez pas ? La religion qui appelle au meurtre gratuit d'innocents ne doit pas recevoir des fidèles. Si une femme ne désire pas avoir d'enfant, il est préférable qu'elle se protège. Les sociétés d'aujourd'hui encouragent les morts (avortements) pour des raisons d'équilibres démographiques mais curieusement, l'occident se réjouit d'investir dans les pays à forte population en Afrique comme le Nigeria. Il a même été prédit que d'ici quelques années, l'Afrique entière deviendra le continent sur qui connaître une

accélération des investissements du fait de son explosion démographique. Ces contradictions qui brillent comme une anguille électrique dans la mer doivent sauter aux yeux. D'un côté ceux qui vous soutiennent encouragent la mort de vos enfants, et d'un autre côté, ils célèbrent le boom démographique dans leurs cercles d'affaires.

Au nom du bon droit à la différence

Le débat ouvert il y a quelques années sur le fait que l'homme soit plus intelligent ou plus doué que la femme avait déjà mal commencé qu'une batterie de tests avait été mis sur pieds pour mieux mesurer.
Les protagonistes de ce genre de débat ne m'entraîneront pas là-dedans. Il n'est pas ici question d'envisager un débat d'intelligence, mais plutôt d'affirmer qu'il existe bien des différences entre les hommes et les femmes.
Il faut regretter que par ce genre de débat, beaucoup ont trouvé là l'occasion de rabaisser, de tabasser ou d'humilier les femmes, en particulier dans les siècles les plus reculés. Heureusement, plusieurs livres attestent que nombreuses sont les femmes qui ont joué un rôle crucial pour le salut d'un peuple, d'une génération ou carrément pour l'équilibre du monde. En effet, cela a été rendu possible, à travers des rôles de premier plan dans de multiples domaines politique, économique et social. Parfois au côté des hommes, parfois leur tenant tête.

Plusieurs sociétés africaines, à l'instar de celle pharaonique, n'ont pas hésité à mettre en valeur la femme. Celles-ci disposaient par exemple des mêmes droits juridiques et les mêmes promesses d'éternité que les hommes. Une pensée particulière pour Hatchepsout, pour Cléopâtre souvent appelée reine des rois. Mais aussi à Esther pour le rôle qu'elle a joué lors des persécutions subies par son peuple.

Oui, messieurs vous avez raison, cela n'a pas toujours été évident. En effet, selon les temps, les circonstances, les milieux, la manière dont les femmes ont été considérées a fait, l'histoire gardant tout dans son filet, que celles-ci se lancent dans une revendication permanente d'une place dans la société équivalente à celles des hommes.

Cette posture défensive ayant l'effet des tranchées dans une guerre devait détruire le dogme machiste qui « élevait » la femme au rang de reine par excellence de la maison, avec pour prérogative d'élever les enfants et de nourrir toute la maisonnée.

Il faut aussi dire que pour certaines sociétés sacralisant la polygamie, la considération de la femme était plus complexe. Mais ça c'est une toute autre histoire. On peut alors se demander pourquoi l'homme, fidèle compagnon ou authentique associé de la femme dans cette expérience de vie sur la terre, va-t-il choisir de considérer cette dernière avec peu d'intérêt et préférer se considérer comme bâtisseur et comme demiurge (proclamant ainsi les autres êtres vivants, femme y compris, comme soumis).

Il peut être facile d'imaginer la vitalité qui a inondé ces hommes à travers cette déclaration. Cependant, il faut, pour freiner les intentions des éternels refoulés, se demander comment une société peut-elle vraiment évoluer tout en déconsidérant cet être né de sa côte ou né côte à côte ? A quel moment s'est-il revêtu d'un masque de rebelle, au risque d'y perdre la paix, le bonheur ou son âme ? Affreuse trajectoire, chemin escarpé, périlleux, pente dangereuse, chacun pourra apprécier ou saura s'offusquer.

Quoiqu'il en soit, l'heure n'est plus à se vautrer dans l'impersonnel tel un crabe, l'heure n'est plus aux regrets éternels, ni à la flagellation. Il faut par contre rendre un hommage mérité aux personnes qui se sont battues pour faire avancer les choses. Il faut par ailleurs souhaiter que les revendications ne soient jamais le moyen de renverser ce qui marche (mais qui marche bien). Car les différences, elles existent et, comme nous disait Saint-Exupéry, celles-ci ne doivent avoir pour effet que notre enrichissement.

Ayant dit cela, et étant pour le moment d'accord, il ne serait pas idiot de dire de penser que la société pourrait s'organiser selon l'interdiction donnée à un homme de jalouser une femme et à une femme de ne ressentir aucune rancune pour un homme (et vice et versa). Voilà un intéressant fondement pour une société qui se veut hautement émancipée ou civilisée. Cette exigence est un préalable pour la construction d'une société sans discrimination, pris dans son sens le plus pervers, le plus redoutable. Cette conception d'un monde sans discrimination, me fait remarquer et c'est dommage que nous ayons laissé le monde évoluer avec beaucoup de contradictions. Chacun pensant comme il veut et criant à tue-tête à la liberté de penser, abstraction faite que cette pensée peut appeler à la haine de l'autre ou à la guerre.

Je suis convaincu que lorsqu'il s'agit de choses trop sérieuses, les contradictions doivent se taire, faire silence. A ce propos, je m'étonne toujours de voir comment une certaine communauté dite internationale impose des visions parfois morbides parfois dépravées aux dirigeants de certains pays. Assez rapidement et sous une forte contrainte, ces dirigeants, sans en référer à leurs peuples les appliquent aveuglément.

Pour certains observateurs, ces visions, que je qualifie de venimeuses à souhait, contribuent parfois à la déstabilisation de leurs pouvoirs. Après avoir découvert cette incroyable passivité et cette scandaleuse soumission, il est normal, et j'y adhère, de militer pour la mise en place d'un groupe de réflexion qui pourrait travailler pour le relèvement intellectuel des sociétés africaines et l'éducation du jeune africain.

Un tel rempart s'accompagne d'une réelle indépendance de ce groupe pour lutter contre les cellules destructrices qui portent souvent le nom de sociétés civiles, dont la définition pose toujours problème, et qui reçoivent des financements des pays étrangers, pays étrangement hostiles à un mode de gouvernance tourné vers le pays d'abord. L'exemple de la Libye est bien trouvé.

Un jeune étudiant en philosophie était convaincu que le monde se porterait bien si les rois devenaient philosophes et les philosophes rois. Je lui ai dit qu'il y avait eu, en Afrique, des dirigeants aux allures de rois philosophes et qui ont eu une vie courte car leurs idéaux déplaisaient à plusieurs nations fortes. Il s'est étonné, après m'avoir écouté, que les dirigeants actuels ne poursuivaient pas avec acharnement le combat de leurs prédécesseurs. Je parle de ceux qui ont fait preuve de courage, de ténacité et qui après une longue lutte ont permis de porter haut les idées panafricaines, sans chercher à étouffer la femme, leur complice prévenante, ultime rempart.

L'Afrique a besoin de dirigeant(e)s fort(e)s, responsables mais surtout droit(e)s, sincères, désintéressé(e)s et dévoué(e)s à la patrie.

S'ils ne le sont pas, ils ne seront pas capables de rester au pouvoir sans être inquiétés. Aujourd'hui, il peut être facile de constater, que des femmes sont impliquées dans la déstabilisation de leurs propres pays.

En effet, elles marchent contre leurs dirigeants poussés par une invitation internationale à la révolte. Mais soyez sûrs d'une chose, si ces marches étaient dirigées contre les occupants impérialistes occidentaux, des menaces auraient retenti depuis l'hexagone ; pour repousser ce que cet occident aurait qualifié d'atteinte aux intérêts économiques d'un pays amis, frères. Cet occident qui le plus souvent opprime et appauvrit les peuples qu'il a « civilisés ». C'est pourtant ce qu'il y a à faire.

Il est urgent aujourd'hui que les femmes organisent partout des luttes pacifiques, des conférences, des séminaires de sensibilisation sur le patriotisme et l'éveil de la conscience sur ce qui peut constituer la cause nationale. Alors faut-il boycotter les marchandises des pays menaçant le bien vivre ensemble, et appeler à l'intensification de leur production locale ? L'homme, en isolant la femme, pense-t-il pouvoir gérer ce genre de combat seul ? Je ne sais pas pour vous, mais en ce qui me concerne, la réponse est un non catégorique.

Cependant, rappelons-nous l'histoire du Jardin d'Éden, pour comprendre que les idées d'une femme lorsqu'elles sont corrompues peuvent faire souffrir l'humanité toute entière. En cela, il importe de ne pas la négliger ou l'exclure de toutes tables de négociation. Comme le soulignait déjà le Mahatma Gandhi « l'intuition de la femme a souvent surpassé l'arrogante prétention de l'homme à un savoir suprême ». Il est de bon ton que tout cela prenne fin.

Une charité controversée

La perfection de l'homme commence lorsqu'il pousse le cri : misérable que je suis, qui me délivrera ? (Romains 7/24)
L'humilité ouvre la voie à une vision du monde dégagée de toute bassesse, débarrassée de toute violence, de toute discorde. Elle conduit à une existence sans désobéissance, sans tentation, sans inceste. Elle nous rapproche de la certitude que le Salut est offert à l'humain.
Allons le monde, tel que ces intellectuels le conçoivent, appartient aux grandes puissances. Elles décident de tout, de la valeur de l'or, du prix du pétrole, de la manière d'élever nos enfants, de les enseigner, de respirer (alors même que la terre suffoque à cause d'eux), du statut du noir et de sa place à leur côté.
Ne soyez pas embêté par ces propos, ils ne sont en aucun cas racistes. Ils fabriquent des choses qu'ils nous vendent, et quelques années après ces choses s'avèrent cancérigènes, hautement toxiques, non recyclables.
Paradoxalement, lorsque ces puissants arrivent dans des pays africains, ils se sentent très vite chez eux, ils sont chez eux. Des jours sont déclarés fériés, des gens sont appelés à

magnifier la grandeur du fantôme blanc, de l'esprit des Lumières, de l'arrivée du sauveur venu nous sortir du malheur, de notre condition ignoble d'éternel assisté. Comment des êtres dotés de raison peuvent-ils agir ainsi ? Comment en 2017, nos dirigeants peuvent nous imposer pareille absurdité ?

En nous rendant témoins de pareil spectacle, ils nous transmettent le virus de l'impuissance qui les caractérise. Quelqu'un disait un jour, que si tu laisses venir un étranger chez toi, assures-toi que ce soit toi qui le nourrisses et après son départ va chez lui pour voir quel traitement il va te réserver.

L'Afrique est belle de ses richesses et fière de son hospitalité. Les africains tiennent cette éducation de l'initiation, rappellent souvent certains courants spirituels. Mes ancêtres s'étonneront toujours de voir que malgré le manque de réciprocité d'actes bienveillants, des mesures tardent à être prises par nos responsables. Eux qui ont lutté, qui ont souffert, qui sont morts ne comprennent pas pourquoi nous suivons ce même chemin. Nous luttons pour vivre sans profiter de nos richesses, nous souffrons pour survivre dépossédés de celles-ci et nous allons mourir sans que celles-ci nous nourrissent. Trajectoire accablante, mon âme tressaillit, une question à 2000 euros fait claquer la porte de cet univers intérieur qui est le mien : sommes-nous encore des esclaves ? Par quel extraordinaire charme nous laissons-nous conduire telles des bêtes de somme ? N'oublions pas la mort, et ceux qui nous attendent là-bas. Que leur dirons-nous, encore et toujours ? Dieu est-il aussi à blâmer, Lui qui nous a pourtant toutes les richesses qui fleurissent dans ce pré-carré ?

Pourquoi n'arrivez-vous pas à produire en Afrique ? Pourquoi s'obstiner à attendre que celui qui convoite votre femme vous propose de conduire qui ira la chercher à l'hôtel pour la conduire à la Mairie où vous devez l'épouser ? Aura-t-elle après cette délicatesse envie de vous rejoindre à la Mairie ou décidera-t-elle de partir avec ce *galant* homme *plein de bonnes intentions*. Eh bien qu'il s'agisse de nos ressources matériels (sols et sous-sols) ou de nos ressources humaines, lorsqu'elles partent, il est difficile de les voir revenir pour qu'on en profite pleinement.

Je pense pour ma part que l'ancêtre de mon frère d'armes, j'ai cité Wongo, jamais enseigné dans nos écoles bien qu'ayant inspiré de nombreuses thèses de doctorat, avait compris ça. Aide-toi et le Ciel t'aidera !

Réussir sa quête

La vie a-t-elle un sens ? Et la mort dans tout cela ? Soyons prudent cette fois-ci et n'acceptons que de nous pencher sur la première question. Commençons par nous demander si chaque fois qu'une personne se lève le matin, elle prend le temps d'imaginer ce qu'elle va vivre ou ce qu'elle veut vivre.
Et, comment vont s'enchaîner la série d'événements.
Débuter cet exercice en sortant de son lit permet de se fixer une quête. Entendons par là, une action que la personne entend ou souhaite entreprendre, accomplir. En réalité, et sans que vous ne soyez taxé de personnages aux ambitions démesurées, vous pouvez vous fixer plusieurs quêtes à mener dans la journée. Peu avant de se coucher dans la nuit que vous aurez à faire le point des quêtes achevées ou inachevées. Cet exercice ne donne lieu à aucun jugement de valeur : rien n'est bon, rien n'est mauvais, dans la mesure où aucun bon point ne vous sera distribué par vous-même. Il n'est donc pas question de vous flageller si votre quête n'a pas été réalisée. Par contre, il est important de pouvoir tenter de l'accomplir.

L'analyse des raisons qui ont conduit à l'inachèvement de celle-ci doit se faire avec la plus grande objectivité. Vous serez étonné de voir comment un exercice, au départ banal, peut vous permettre de mieux organiser votre vie, planifier vos journées, identifier les contraintes (lourdeurs, blocages), mieux animer les interactions avec chacune des personnes que vous serez emmené à rencontrer. En expérimentant cela, vous serez au moins sûr de constater des changements dans la manière de voir les choses et de considérer certains phénomènes. Vous serez plus attentifs au déroulé de vos journées. Par exemple, vous aurez tendance à déplacer votre perception des choses ; celle-ci passera par trois temps :

1) Objectifs – Résultats – Moyens
2) Objectifs – Moyens – Résultats
3) Résultats – Moyens – Objectifs

Le (1) sera votre vision de départ, qui évoluera en (2) pour finir en (3). Ces trois temps constituent la manière dont vous façonnerez votre intellect. Il est important de maintenir, qu'importe l'âge, votre cerveau en ébullition, au risque de subir une atrophie partielle de certaines fonctions de la superstructure qu'il représente.

A travers quelques questions que vous prendrez soin de vous poser, vous vous donnerez la possibilité de mieux analyser vos actions. De jours en jours vous pourrez déculpabiliserez de ne pas avoir fait l'essentiel.

Dans la situation du premier temps (1) vous vous pourrez vous poser les questions suivantes pour bien faire le point :

Mes objectifs étaient-ils simples à atteindre ? Pertinent ? Réalistes ? Les ai-je tous atteints ? Qu'est-ce qui m'en a empêché ? Que n'ai-je pas fait ? Ai-je œuvré vraiment pour les atteindre ? Ai-je agi en cohérence avec eux ? Ai-je bien utilisé mon temps correctement ? Ai-je été retardé dans mes actions ?

Dans la situation qui correspond au deuxième temps (2), les questions seront également en rapport avec les objectifs :

Mes objectifs étaient-ils atteignables à partir des moyens ou actions mis en œuvre ? Ai-je mis à contribution les personnes ou les moyens clés ? Ai-je gaspillé les moyens dont je disposais pour l'atteinte de mes objectifs ? Aurai-je du faire autrement ? Y avait-il d'autres moyens à ma portée ? Les moyens dont je disposais constituaient-ils un frein à la réalisation de mes objectifs ?

Dans la situation du troisième temps (3), les questions auront plutôt un lien avec les résultats et pourront s'exprimer de la manière suivante :
Les résultats correspondent-ils à ceux que je désirais ? Ont-ils été atteints grâce aux moyens mis en jeu ou à la faveur de circonstances extérieures ? Ces résultats ont-ils été atteints en utilisant tous les moyens utiles (nécessaires) ou je disposais d'encore de jokers ? Le non achèvement de ma quête est-elle liée aux faibles moyens dégagés ? Les résultats obtenus sont-ils le fruit de ma seule personne ou la résultante d'une action collective bien identifiée ?

Toutes ces questions, et celles que vous ajouterez avec le temps et l'habile pratique obtenue, vous serviront d'outils d'analyses critiques de la stratégie que vous avez mise en place pour réaliser vos propres objectifs définis le matin, rappelons-le, au réveil. Ce qui me permet de vous dire, qu'à partir de là, vous comprendrez que vos résultats seront l'expression de l'énergie que vous aurez générée. Plus elle sera dense, plus vous vous reconnaîtrez dans vos résultats. En terme dynamique, on parlera d'efforts fournis.

En conclusion, réussir sa quête signifie ici se rendre capable d'obtenir des résultats préalablement définis sur la base d'objectifs à atteindre et des moyens mis à cet effet, d'une part ; et s'obliger à agir en conséquence plutôt que de subir ses journées, d'autre part. Il ne s'agit pas de dire si sa journée a été rentable ou non, comme font les libéraux (seulement les maîtres corbeaux à l'odeur alléchée), mais de vous emmener à peser les actions réalisées dans la journée en considération des résultats verbalisés préalablement. Cela implique de jeter un regard sur les marges de manœuvre dont vous avez disposées et de voir comment vous vous en êtes servies.

Vous arriverez à réduire les gaspillages de moyens, ainsi que la détermination des résultats irréalistes ou superflus (héritée d'une société de consommation globalisante et aliénante). Une perspective qui peut sembler utile à celui qui s'est retrouvé prisonnier sans le voir et parfois sans le savoir et qui, donc, a été contraint de « raisonner » sur ses journées en termes de satisfaction-insatisfaction sans opérer une rétrospective sur leur déroulement.

Cela me rappelle qu'il y a quelques années, mon frère, fidèle convaincu du caractère institutionnel du mariage, avait décidé de faire œuvre utile en prenant place dans un siège disponible de ce cercle pour autant ambigu d'heureux et d'abusés. Après avoir élaboré un programme de réunions, déterminé les cotisations de chaque membre de la famille et estimé le montant qu'il devait donner à sa belle-famille en guise de dot, une chose curieuse s'est produite. Le jour du mariage coutumier, cette somme, qui, je rappelle, avait été portée à sa connaissance par sa future femme après un long échange nocturne aux allures de mise au point, n'était pas disponible. Le reste de la somme était enfermé dans une banque dont il était domicilié et le bougre n'avait pas fait la demande d'une nouvelle carte bancaire ; cette situation empêchait l'envoi d'une dans un guichet automatique de sa banque. Nous étions le week-end en plus. Il n'avait donc pas « assez d'argent » ce jour. Un tour de passe-passe fut trouvé, l'horrible phrase tant détesté par ma conscience fut prononcée : attachez-moi les mains, libérez-moi les pieds. Ces mots du condamné qu'il devenait ont pour signification que la dot ne finit pas, que la belle famille n'a pas besoin de fermer leur cœur en refusant de lui donner leur fille car il va compléter la somme qui manque à un autre moment et va renouveler la confiance qu'ils mettent en lieu. Ce qu'il faut savoir, c'est que lorsque cette phrase est prononcée, les parents du mari ne sont jamais contents et cela est vécu honteusement. Si vous prêtez attention aux propos de la belle famille, vous entendrez des injures, des paroles frisant le mépris malgré la tonne de présents que vous avez apportés, vous devenez le paria, l'incapable, et cela vous reste à la gorge. Parfois même, la famille du mari ne supportant pas ce mépris affiché peut décider de rentrer chez elle, refusant de prendre part au repas clôturant la cérémonie. Un scénario que nous avons vécu et que nous avons encouragé, je dois l'avouer.

Pour revenir à notre quête dont la formulation a été déclinée et qui se prépare à notre réveil, je suis persuadé que si mon frère a souhaité que sa journée se déroule sans tergiversations et anicroches, en rentrant le soir chez lui, il ne s'est pas posé les questions qu'il fallait pour comprendre les raisons de ce déferlement de gênes ressentis par les siens et n'a pas su s'imputer la responsabilité de cet incident. On est tous d'accord que son résultat était de réussir son mariage coutumier en partageant sa joie avec les membres de sa famille. Ce résultat n'ayant pas été celui souhaité, il aurait pu tirer les leçons de cette journée et s'éviter de détester pendant plusieurs mois sa famille (du moins les plus extrémistes). Lui, qui s'était montré rassurant pendant les réunions de préparation du mariage, n'avait pas décliné la somme dont il disposait pour remettre à la belle famille. A aucun moment, il ne s'était posé la question sur les effets pervers de cette situation et partant de son mutisme.

Quel père faut-il être aujourd'hui ?

Je suis particulièrement circonspect lorsque j'entends comment la société d'aujourd'hui façonne la figure actuelle du père. Il peut se fâcher mais sans hausser la voix, et si un seul instant, il l'a haussée, il doit très vite s'excuser pour que l'enfant ne rentre pas dans sa coquille, ne se replie pas sur lui.

Aujourd'hui, en effet, si vous grondez vos enfants, ils peuvent choisir de ne pas vous parler, de ne pas étudier, de ne pas faire les travaux ménagers. La bonne fessée n'est plus autorisée par la loi, dit-on ! Les enfants ont des droits et ils peuvent appeler la police et faire passer votre fessée pour des actes de maltraitance. Bien malins sont-ils devenus !

Certes de nombreuses associations ont dénoncé un genre de situations parfois alarmantes où des pères après avoir bu des verres, des bouteilles en trop ont brillé par une agressivité de gladiateurs. Les actes qu'ils posent sont d'une violence parfois extrême. Dans ce cas de figure, le père et l'enfant ont besoin d'être accompagnés pour qu'un changement radical s'opère dans leur vie. Nul ne doit pouvoir encourager des actions qui débordent et se terminent par des coups de fouets portés sur des enfants. Aussi, à ces experts de telles pratiques et qui les considèrent comme une preuve de puissance et de virilité, je suis au regret de leur dire non, vous êtes coupables, mais vous pouvez toujours vous améliorer, rectifier votre trajectoire.

La possibilité d'avoir recours à la sanction a toujours existé. La nature de cette sanction dépendait le plus souvent de l'acte du fautif : fessées, mises au petit coin, rétention de cailloux à genoux, tirages des oreilles les bras croisés, réception de coups de règles sur les bouts de doigts regroupés, lots de privations (sortie, dessert, voyage, plage…). La liste est longue et chacun peut se rappeler ce par quoi il est passé. Lorsqu'on n'a pas pour ambition de devenir un père-monstrueux mais plutôt un père-éducateur, il est important de savoir que tout comportement déviant peut et doit être freiné, le cas échéant sanctionné.

Je suis inquiet des aveux qui sont partagés chez les psys par des parents parfois tétanisés alors que leurs enfants sont âgés de 8 à 14 ans. Parfois, lorsque vous leur demandez quelle relation ils ont avec leurs enfants, vous êtes étonnés par le silence crépitant qui les habite.

Une fois vous insistez, voilà que ces parents se mettent à pleurer avant de dénoncer le petit garnement qui vit avec eux. Des séries télévisées ont même été créées pour donner des tuyaux pour mettre en respect ces hyperactifs négativement surchargés. Plus-tard, si vous cherchez à savoir depuis quand ils ont constaté ce changement de comportements ? Vous entendrez parfois, après ses 7 ans ou 13 ans. Ensuite, lorsque vous demandez qu'elle a été leur attitude devant la négativité présentée par leur enfant, la réponse ne peut que devenir inquiétante. Tous ont essayé de négocier, en promettant dessert, plage, voyage, présents. En définitive, ils proposaient tous des choses dont raffolait leur enfant.

D'où ma question, à quel moment avons-nous basculé ?

Sans être agressif, un parent doit pouvoir encore donner quelques fessées joyeuses à ses enfants. Je me rappelle en avoir reçu et je n'ai pas le souvenir d'avoir été traumatisé pour autant. Bien au contraire, j'aime et je respecte toujours mes parents. Leurs corrections n'ont jamais dépassé les limites que mon corps pouvait supporter. Je ne suis pas devenu un personnage violent, ni au travail ni ailleurs. Bien au contraire, j'ai appris à récompenser les bonnes actions et à punir les mauvaises. La punition permet d'équilibrer les relations ; l'important est de ne pas se laisser aller à l'excès.

Je ne connais aucun parent capable de présenter son enfant comme étant un fidèle descendant d'Al Capone, à moins d'avoir volontairement contribué à sa formation de délinquant.

D'une certaine manière, l'interdiction de sanctionner des enfants ne doit pas devenir une permission donner à l'enfant de faire ce qu'il veut sans mesurer les conséquences de ce qui advenir de cette permissivité. L'enfant est un être en construction, un adulte à venir et à devenir. Il doit apprendre très tôt que des règles se dresseront devant lui auxquelles il devra se conformer.

Dans un environnement où tout est permis, avant d'atteindre l'âge de la majorité, ce dernier peut être l'auteur d'acte délictueux léger ou criminel. L'existence des tribunaux chargés de juger les enfants ou les jeunes délinquants témoigne d'une prise de conscience d'une déviance comportementale observée chez certains d'entre eux. L'origine de ce comportement déviant n'est pas toujours la résultante d'un environnement répressif ou strict. Dans bien des cas, ces jeunes ont vécu dans un environnement qui s'est montré à plusieurs reprises silencieux devant l'attirance de l'enfant vers une trajectoire d'un obscur couloir de violence non réprimée depuis l'enfance.

Si l'humanité a été choqué par Freud, qui présentait un enfant jouisseur heureux (pervers polymorphe), on peut comprendre depuis cette alerte pourquoi la violence produite par les enfants prend autant d'ampleur.

Trop de largesse ? Trop de violence sur les jeunes ? Trop de silence ? Trop de patience ? Trop de tolérance ? Moins d'ingérence ? Moins de surveillance ? Le résultat est accablant pour les parents : trop de pénitence.

L'Homme, ce grand loup !

La solidarité commence par l'action qui consiste à se tourner vers son prochain et lui proposer son aide. La parabole du Bon samaritain en est une belle illustration. Pour aborder cette discussion, j'ai eu envie de faire plaisir à ce génie qui me susurre à sa guise quelques pensées reposantes pour mon esprit en quête de repos. Ainsi me demande-t-il d'introduire ce vieil adage africain qui rappelle à quiconque veut l'entendre qu'un seul doigt ne lave pas la figure. Par cet adage, je peux formuler, moi aussi, sans risque de me tromper qu'un seul doigt ne peut donc pas construire un panier ni même le début d'un panier.

Qu'en est-il en réalité ?

J'ai été interpellé par un ami lorsque je rentrais chez moi après une journée épuisante d'un travail bien accompli.

Il avait une préoccupation qui le dérangeait considérablement. Il s'agissait donc du frère de sa copine. Celui-ci après sa sortie du centre d'une formation professionnelle n'avait toujours pas obtenu un travail. Cet ami voulait donc que je prenne son dossier car il était convaincu que je disposais d'un carnet d'adresse assez fourni capable de régler son problème. Étonné, je fus, devant son assurance de me savoir capable. Le beau-frère était attentif et m'observait de la tête au pied. Il était sympa et je me suis permis de le traiter comme un frère. Il était heureux des éloges que me faisait mon ami. Il y avait une lueur d'espoir naissante dans son regard. J'étais un peu embarrassé, au début. Puis, reprenant mes esprits, je lui ai demandé s'il y avait dans sa famille d'autres personnes qui n'avaient pas de travail. Il accueillit cette question avec beaucoup de bonheur. J'ai eu le sentiment qu'il considérait qu'il avait eu raison de parler de sa situation au petit ami de sa sœur, même si cette dernière avait pris ses distances avec son joli cœur en raison de son côté un peu libertin.

Sa réponse fut claire, nette et précise. Oui, oui, dans sa famille, il y a des personnes sans emploi. Je savais ce que je devais faire ou dire après une évidente révélation. J'ai donc demandé si depuis 2 ans des mariages avaient été célébrés dans sa famille. Plus précisément, si des cousins, oncles ou frères s'étaient mariés entre temps. Sans être agacé, il répondit dans l'affirmative. Il faut savoir que lorsqu'il y a mariage en Afrique, la famille est informée et sollicitée pour la réussite de l'événement. Pour la bonne réussite, chacun est appelé à déposer une certaine somme d'argent ou à donner ce qu'il peut. Une fois collectée, la somme va servir à acheter les présents contenus dans une liste remise au futur gendre par la famille de la future mariée, mais aussi à constituer la dot qui est censée représenter la somme qu'il est prêt à donner à la famille de sa bien-aimée pour qu'elle consente à le laisser partir avec elle. On peut aussi considérer que la dot constitue le prix de la valeur de l'amour qu'il a pour cette femme. Cette valeur augmente en fonction des qualités et des diplômes de la promise.

Pour revenir à mon échange avec ce jeune frère, il ressort que 4 de ses parents se sont mariés. Comprenons bien ce que cela signifie. Tout l'argent récolté a été remis à la famille de chacune des femmes qui a été épousée. Pendant et après la célébration de ces mariages, les gens de la famille de ce jeune homme, y compris lui, sont toujours sans emploi.

Une telle vision n'est-elle pas si inquiétante ? Des millions collectés par une famille et qui n'ont pas servi à créer des entreprises, des commerces, des fermes agricoles… Une telle action aurait réduit considérablement le nombre de chômeurs dans leur famille et apporter des bénéfices remarquables à moyen terme.

Faut-il rendre les dirigeants de nos pays africains responsables de cet égoïsme triomphant ? Faut-il se complaire dans cette pathologie psychique qui contamine plusieurs familles au point d'aveugler notre « bon sens » ?

Je ne voulais pas penser à sa place, mais quand il a entendu mes propos, il a tout de suite compris qu'il détenait la solution à son problème et qu'il devait rapidement discuter avec les membres de sa famille (au grand complet) pour définir une feuille de route de sortie de la période de turbulences qu'ils traversaient tous.

Libérer la vérité

De nombreuses personnes sont convaincues que parce qu'une information apparaît « tardivement », c'est-à-dire après des siècles ou des années, elle est nécessairement fausse. Ainsi, selon eux, les hommes ont pris leurs temps pour fabriquer leurs vérités. Autrement dit, ils ont construit les vérités qui les arrangeaient.

Quelqu'un s'étonnait par exemple du fait que dans certaines églises croyaient en la présence véritable du corps et du sang du Christ dans le pain acheté chez le boulanger par les prêtres et dans le vin soit cultivé par eux, soit commandé chez un viticulteur.

Mais en réalité est-ce pendant que le prêtre formule ses paroles transformatrices que tout se change en corps et sang ? Ou seulement après les avoir mangés et bu ?

Pour me permettre de comprendre cette énigme, je me suis invité, non pas à une auscultation d'un croyant candidat au repas mais, à une cérémonie traditionnelle africaine de déjection orale.

Des personnes convaincues que quelque chose n'allait pas dans leurs ventres, étaient venus dégurgités ce qui n'allait.

Au cours de la séance, les « malades » avaient plusieurs litres d'eau, après avoir mangé quelques jours avant une feuille sensée aller chercher l'intrus. Ainsi, quelques heures, le ventre bien rassasié de cette eau, devenue impossible à retenir, ces personnes vont chacune « vomir » le liquide et si possible la chose de trop dans leur ventre.

Spectacle horrible, choquant, gênant parfois. Une mousse envahissante, lourde accompagnée d'eau sortait de leurs bouches. Il fallait être témoins des supplices de ces gens condamnés à faire sortir cette quantité incroyable de liquide pour se libérer d'un présumé fardeau à l'intérieur.

Les personnes présentes attendant toutes de voir ce qui devait sortir de cette douloureuse épreuve. « On boit, on vomit et on fouille, s'il n'y a rien, on reprend », s'exprimait l'organisatrice de ce forum éjaculatoire orale.

L'idée de ne rien trouver perturbait, effrayait les candidats car il fallait avaler encore une grande quantité de liquide, ce qui n'était pas chose facile. Heureusement pour certains, l'effort n'avait pas été vain. La feuille avait capté une limace encore vivante, un morceau de viande, j'appris quelques minutes plus-tard qu'il s'agissait d'un bout du cœur d'un chien. Un autre, avait rendu ce qui ressemblait à un coton tacheté de sang, pour celui-là, il s'agissait d'un extrait de serviette hygiénique dont le sang pouvait être encore perceptible. Trois feuilles, trois objets.

Devant un tel spectacle, on pouvait se demander à quel moment ces individus avaient pu manger ces horreurs. Un troisième bougre avait rendu une petite bague (de fiançailles, je présume) et un tout petit gastéropode sans sa coquille.

Mes yeux s'interrogeaient en même temps que mon cerveau, encore et encore devant la découverte de ces horribles trésors, mais qui étaient en réalité des pièces à conviction. Qui a fait manger ? Pourquoi ? Où ? Mais surtout sous quelle forme se présentaient ces articles au moment de les avaler ?

On me mit au parfum, lors de leur ingestion, tous ces objets flippants n'avaient pas leurs formes d'origine. Certains avaient été préalablement séchés, puis écrasés, à l'état de poudre, ensuite versées dans la cuisson. Il y en avait un qui sortit un morceau de doigt. On l'informa qu'il avait cru manger une banane et quelques heures après l'avoir consommée, le doigt reprenait sa forme réelle et c'est la raison pour laquelle il avait l'impression qu'un doigt appuyait fortement sa poitrine. Il venait par cet exercice d'en être libéré. On peut retenir de cette mise à nu d'une expérience vécue dans l'arrière garde du pays que nos yeux peuvent nous tromper ou qu'il peut facile de tromper nos yeux. Pour éviter qu'une telle duperie ne se produise, il faut ouvrir les yeux de l'Esprit.

De la même manière, celui qui veut comprendre le mystère de la manducation du Corps du Christ doit l'appréhender avec les yeux de l'Esprit. Ne pas le comprendre, c'est accepter de vivre avec les limites que nous impose la matière. Celui qui ne croit en rien aura des difficultés probablement à me suivre. Il aura passé sa vie entière à nier toute croyance en Dieu, alors pourquoi devra-t-il accepter de croire en cette « fable » ? Je les inviterai volontiers à venir découvrir la Vérité cachée qui lui était lointaine et pourtant si près. Point n'est besoin de croire pour voir, mais douter après avoir vu, voilà le véritable sacrilège.

Clin d'œil à l'Hollando-macronisme

Mais avant d'évoquer mon projet, je vais vous confier une chose. Dans cette bataille qui s'engage, je vais vous dire qui est mon adversaire, mon véritable adversaire. Il n'a pas de nom, pas de visage, pas de parti, il ne présentera jamais sa candidature, il ne sera donc pas élu, et pourtant il gouverne. Cet adversaire, c'est le monde de la finance.
Ainsi, s'exprimait ce cher François Hollande. Pourtant, il n'a pas hésité à nommer comme SG à l'Élysée Macro(n). Un homme qui incarne assez bien, pour ne pas dire très bien, la finance. Plus-tard, il en fera son Ministre de l'Économie. Ce jeune, trop pressé, tellement pressé, que déjà, jeune étudiant, il n'a pas hésité à engager une relation avec sa prof de lettre qui pourtant était mariée et mère d'enfants. Aujourd'hui, grâce à Hollande, la finance a un visage, un parti (En Marche), a présenté une candidature et est en passe d'être élu à la Présidence de la France, qu'il veut gouverner. Bravo François tu as su entourlouper ton peuple. Tu es un fin stratège, et ce jeune pressé, veut déjà convoler avec la vieille Allemagne pour faire de la France un pays à la ramasse.

Mais s'il te plaît, laisse-nous avancer dans la mesure où toi tu veux reculer.
Les faux-amis

Démarrer la discussion avec un titre aussi surfait est un exercice qui interpelle à plus d'un titre. C'est à travers la langue anglaise que je me suis le plus entraîné à constater leurs existences. Mais c'est aussi en voyant comment en politique il était notoirement indiqué d'abuser de la population que j'ai décidé, de façon assez curieuse, pour reprendre l'expression de mon ami particulier, de dire quelques mots dessus.

Les faux-amis dont je parle sont des noms de personnes, pour la circonstance, célèbres et très célèbres qui une fois, déplacés ou retournés un peu (tel un joueur de scrabble), en y ajoutant parfois un mot, on arrive à découvrir assez vite des informations sur la personne amusante ou glaçante. Car il arrive que leurs anagrammes (mots formés des mêmes lettres) soient en phase avec un trait de leur personnalité ou aboutissent à une révélation en rapport avec une destinée carrément apocalyptique.

Il va donc être question ici de présenter quelques anagrammes de noms célèbres que l'on trouve un peu partout dans des livres et sur internet. Je me suis permis de commenter le résultat de la trouvaille pour certains noms. Vous verrez que dans bien des cas, la vérité saute aux yeux. Il s'agit de :

ALBERT EINSTEIN **devient RIEN N'EST ETABLI**

LE COMMANDANT COUSTEAU **devient TOUT COMMENÇA DANS L'EAU**

LEONARD DE VINCI **devient IL DEVINERA DONC**

JEAN-PAUL GAULTIER **devient LIER LA JUPE AU GANT**

FRANCOIS HOLLANDE **devient LARDON HELAS NOCIF (la France molle)**

MADELEINE PROUST **devient UN DON REEL AU TEMPS IDEAL**

NADINE MORANO **devient MON NAIN ADORE (serait-ce Sarkozy ?)**

ALAIN JUPPE **devient J'AI UN APPEL (appel un peu raté, je trouve)**

JEAN-FRANÇOIS COPE **devient J'OSE PAR CONFIANCE (il en a une sacrée !)**

LAURENT RUQUIER **devient QUEL RIEUR, UN ART (pile poil)**

Vous avez compris le principe et vous vous demandez probablement pourquoi j'ai consacré un sous-titre entier pour cet exercice qui n'a pas manqué d'être cognitif pour ceux qui l'ont réalisé. Pour ceux qui ont simplement lu et hésitent encore à s'exercer, je vous invite à jouer avec la « matrice orthographique des mots ». Vous l'avez compris, il s'agit de créer un nouveau mot, une phrase entière à partir de lettres existantes.

Ce que vous devez également savoir c'est que dès son origine, comme nous le rappellent Étienne Klein et Perry-Salkow, dans leur ouvrage *Anagrammes renversantes ou Le sens caché du monde,* paru aux éditions Flammarion, les savants s'en servaient pour interroger *les noms mais aussi les préceptes des livres sacrés, prêtant à cet art des vertus révélatrices.* L'idée, que ces savants partageaient, étaient que le monde pouvait accoucher d'un démon. Aussi, il fallait se protéger de certains êtres ou personnages à venir. C'était un travail sérieux. Au point que, selon les mêmes auteurs, le célèbre Galilée, pour communiquer ses découvertes à d'autres astronomes, les envoyait sous la forme d'anagrammes. Ils leur revenaient de les déchiffrer.

J'espère que vous avez copieusement dégusté ce plat à la sauce « anagrammatique ». Maintenant, je vais me permettre de vous interroger sur ce que vous avez pensé, après lecture des anagrammes de ces personnages célèbres, des résultats obtenus. Je sais que parfois l'idée de s'incliner devant ce qui peut être considéré comme vrai se présente pour certains comme une menace à la liberté de penser. Et très rapidement, ces personnes préfèrent rapidement rejeter ce qui leur est proposé. Alors, considérant ce qui a été vu, l'anagramme vous apparaît plutôt comme un art divinatoire ? Un art du compliment ? Un art de la satire ? Ou plus simplement un art du secret ? Il faut avouer que ces différentes interrogations ont été les plus répandues à un moment de l'histoire de l'humanité. Aussi, je m'incline devant leur pertinence, car la recherche de la vérité doit être un exercice plaisant, déroutant et dépassant le connaissable. C'est un plat agréable à regarder auquel on y ajoute comme sauce une fiole de folie.

Pour cela, permettez de goûter à un plat que j'ai trouvé bon de réserver pour la fin. Il se montrera apaisant pour les âmes en quête de réponse ou de question. Voilà donc ce que j'ai réalisé et découvert avec le nom d'un surprenant jeune et célèbre stratège français.

EMMANUEL MACRON devient MAMMON N'A (JAMAIS) RECULÉ

Pour la petite histoire MAMMON représente la richesse matérielle ou l'avarice. Elle a été longtemps personnifiée en divinité, et parfois incluse dans les sept princes de l'Enfer.

Berkeley affirmait en son temps n'être certain que de ses perceptions. Rien ne prouve que cette anagramme reflète la réalité mais dans la mesure où l'intéressé a souvent été traité de représentant de la finance, je suis convaincu que les kabbalistes en auraient des sueurs froides. N'est-il pas écrit : « **Nul ne peut servir deux maîtres. Car, ou il haïra l'un, et aimera l'autre ; ou il s'attachera à l'un, et méprisera l'autre. Vous ne pouvez servir Dieu et *Mammon* »**. Matthieu 6 : 24

Illusion, mensonge ou jeu d'équilibre des formes, Spinoza pensait à ce propos que penser le vrai rend libre, alors allongez-vous sagement sur votre canapé et laissez vos méninges faire le reste.

Afrique mutilée et humiliée

Je n'ai pas apprécié le film "Indépendance Day" dans lequel Will Smith jouait. Non parce que sa prestation était médiocre, non ô grand jamais, mais parce que la fin du film bousculait mon entendement et mes esprits. Nous étions tous choqués, seulement nous semble-t-il.
Commençons par rappeler quelques scènes de ce grand film. Le monde est menacé par des monstres (Aliens) venus de la galaxie. Pour assurer une résistance des plus farouches, les meilleurs soldats sont réquisitionnés avec pour objectif d'empêcher l'extermination de la race humaine. Vous l'aurez compris, la bataille a lieu dans les airs. La fin, vous l'aurez devinée, les terriens arrivent à stopper l'invasion en détruisant les vaisseaux des envahisseurs.
Une conséquence qui découle de cette victoire et qui est très normale c'est la réjouissance partagée de tous les terriens. Mais curieusement, un balayage furtif des peuples, voulu et gratifié par le réalisateur du film, a permis de montrer l'effervescence de chacun

brandissant brandit l'arme avec lequel il a participé au combat, je présume.

J'étais heureux, je voulais me lever pour applaudir la scène, mais au moment où j'allais le faire, je vis l'impensable, le vieux cliché infecte et rongeur qui refaisait surface. Les africains emportés par la joie, brandissaient leurs sagaies. Une bataille dans les airs et les africains ont des sagaies !

Que faut-il penser d'un film qui contribue de manière subliminale à imposer une vision dénaturée de l'homme africain conditionné par un salut qui ne passe que par les peuples d'en haut (la bataille dans les airs) ? Que nous dit ce film en réalité ? Ne peut-on pas imaginer une Afrique qui se libère d'elle-même ou qui combat à armes égales contre les maux les plus redoutables ?

Voilà une belle manière de nous montrer que les "Grands" de ce monde ne comptent pas sur les Africains pour surmonter les défis de notre Société. Transposée aux enjeux de nos sociétés, cette fin de film nous laisse croire que les africains doivent simplement attendre que tout se règle par une caste d'experts internationaux. En dépit même du fait que les effets de leurs analyses créent plus de divisions qu'il n'y en avait au départ.

C'est peut-être pour ça également que les Présidents français multiplient les fautes et curieusement se font toujours applaudir par leurs homologues africains. Pas d'Histoire, pas de Culture, trop d'enfants, trop de paresse, trop de corruption, trop de saleté, voilà ce qui est pensé. Mais pourquoi nos dirigeants pensent que ça sonne bien aux oreilles.

Des pays endettés, très endettés vous conseillent en finances, des pays peuplés, très peuplés, vous dissuadent d'enfanter (la CEDEAO veut quoi limiter les grossesses à 3 enfants par femme, OK je vois). Des personnes issues des pays où la Constitution permet de prier le mal, vous vendent une "moralité" à deux sous que vous achetez à prix d'or sans consulter vos peuples. L'heure des cauchemars est-elle arrivée ?

Le nouvel ordre mondial et le Retour de l'Enfer dans le Monde (LREM), pardonnez mon lapsus, je voulais dire La République En Marche (LREM) vous conduiront où vous souhaitez mais sûrement sans nous.

Le pillage gloutonné de nos ressources : soumission librement consentie ?

Lors d'une discussion un matin au bureau avec des collègues, nous avons été conduits à parler de la façon dont nos richesses attiraient certains de « nos partenaires ».

Plus inquiétant qu'un essaim d'abeilles, ils agissent comme un enfant affamé qui pour se nourrir croit être obligé de menacer sa mère de l'alimenter en nourriture. Comme s'il lui disait télépathiquement : « nourrit moi sinon tu mourras toi aussi ». Et la mère, effrayée par les pensées toxiques de l'enfant, s'empresse de l'attirer vers son sein qu'il pompe de manière effrénée. La pauvre substance blanchâtre dépouillée comme s'il s'agissait d'un trésor appartenant à ce freluquet.

Posons-nous quand la question de savoir s'il a raison ou tort de penser que cette ressource est la sienne ? Après tout, c'est lui qui la boit. Mais ce qui est sûr et qui a forcément échappé à l'enfant, c'est qu'il est là seulement parce que la mère l'a souhaitée. En grandissant, elle espère toujours qu'il en aura conscience.

Nourrir quelqu'un est nécessairement une bonne action. Mais qu'en est-il de l'action qui consiste à pomper avec véhémence le sein au risque d'assécher la ressource ? On peut s'interroger quelques secondes sur l'action de l'enfant. Pensez-vous qu'il se préoccupe des conséquences de sa gloutonnerie à cet âge ? Devenu adulte, cette conscience lui parvient-il ? Comment réagirait la mère, si plus-tard elle arrivait à la conclusion que ce dernier, même devenu adulte, sera incapable de lui témoigner une quelconque reconnaissance ?
Cette idée de la mère qui allaite se trouve être le sceau de la Nation au Gabon. Derrière cette maternité allaitant se trouve un grand symbole. On peut y voir une nation qui veille à ce que Ses enfants ne meurent pas de faim, se soignent ; un mot, une nation qui assure leur avenir. Le sentiment du bien commun qui se dégage à travers les actions de cette mère, nation, s'éclaircit, je l'espère, dans votre esprit. Cette histoire d'enfant glouton et de mère qui nourrit toujours le cœur blessé, est l'histoire triste de nombreux pays qui ont accepté d'ouvrir et parfois de donner leurs terres à des gens qui aimaient tester les failles d'un système, pour mieux manipuler consciences. C'est l'histoire des partenaires pompeurs de

ressources qui est chantée par nos griots depuis que le monde a découvert le potentiel sous terrain de l'Afrique.

La richesse est un peu comme le fruit défendu ; elle offre d'énormes possibilités à celui qui a été préparé pour s'en servir. Dans le cas contraire, elle conduit le fortuné à l'infortune, le précipite dans l'abîme. Froid, sec, seul, il devient et collectionne les faux-semblants pendant le reste de son existence. Bien heureux est celui qui finira par trouver sur cette route la Rédemption. Car, celui-là pourra ensuite décider d'arrêter ce jeu de dupe. Et saura comprendre le peuple révolté ou la mère révoltée (pour boucler avec notre exemple de tout à l'heure sur la relation mère-enfant).

Avez-vous entendu parler de la réactance ? C'est un état émotionnel, qualifié de désagréable, et qui est ressenti par un individu qui se sent contraint. Cet état l'incite à restaurer sa liberté par un agissement opposé à celui qui lui est demandé.

Selon cette théorie, chaque fois que l'on voudra inciter les gens à accepter que le pillage se fasse dans le silence, des voix contestatrices monteront toujours plus haut.

Ce qu'il y a d'ironique, c'est que les pays « développés » sont eux-mêmes passés par ces attitudes très en dissonance avec un système ou un mode de pensée. De même, les mots comme liberté, égalité, fraternité, indépendance, transparence portent en eux les germes de la réactance.

La question alors se pose, pourquoi effrayer ou passer son temps à faire des pressions à des gens qui sont convaincus que sans la Souveraineté, il ne peut y avoir développement. Derrière un peuple à genoux, il y a des forces invisibles qui contrôlent les consciences et distribuent des rôles. Derrière des émotions qui réclament de s'exprimer, se cachent une frustration qui mérite d'être entendue et apaisée. Ce n'est pas toujours la sanction (carotte-bâton) qui règle le conflit ; mais plutôt la manière dont celui-ci est traité et accompagné. Dans cette perspective, le conflit doit être envisagé comme une blessure qui saigne abondamment.

Avant d'engager des représailles, il est nécessaire de soigner la blessure. Dans les négociations, il arrive souvent d'être surpris et de découvrir que celui qui est présenté comme ayant tort a finalement raison. Le pillage des ressources doit cesser et la répartition du fruit de cette richesse doit être équitable.

L'enfant qui est nourri et soigné par sa mère, ne la soigne-t-il pas et nourrit-il pas plus-tard ? Que ceux qui ont des oreilles entendent ! Et ceux qui, comme moi, cherchent à garder leurs yeux intacts verront probablement !

Des commandements aux actes

Assis sur la chaise de mon bureau installé dans ma chambre, les yeux fermés et l'esprit aux aguets, j'ai surpris une discussion entre ma raison et mes voix intérieures. Celle-ci portait sur la manière dont il fallait considérer notre semblable, notre prochain. Comment arriver à l'aimer comme soi-même ?
Un tel sujet ne doit pas rapidement apparaître comme vide de sens. J'ai moi-même voulu ne pas prêter une attention particulière à ce débat. C'est alors que je fus invité par un panéliste à me rappeler le premier des commandements les plus importants de la Bible. Me faisant l'économie de la recherche, il me dit que le premier des commandements est d'aimer le Seigneur Dieu, de tout son cœur, de toute son âme, de toute sa pensée, et de toute sa force.
Ensuite, il poursuivit en disant que Dieu donne la force à l'Amour pour que l'Amour nous donne la force d'aimer en retour les Hommes.
Un amour sans force, est un navire voguant sans son capitaine ; se laissant porter par les vagues, secouer par les torrents et renverser par le déluge. Un amour affaibli se moque du

pauvre, ne le comprend pas et triche chaque fois qu'il en a l'occasion.

Sentant ma raison intriguée, un deuxième panéliste pris, comme témoignage, l'histoire de la pauvre veuve de la Bible. Cette pauvre dame qui n'a pas hésité à verser deux petites pièces dans un tronc d'arbre alors que la multitude de riches présents y versaient beaucoup plus. Ce plus, était ce qu'ils avaient en trop après avoir mis de côté leurs nécessaires. Ces derniers se moquaient de la somme versée par la pauvre femme. Pourtant, selon ce qui avait été révélé, c'est bien l'offrande de la pauvre qui avait le plus compté car, elle avait donné son nécessaire, ce qu'elle possédait d'essentielle, rapportent les Écritures.

Encore plus intriguée par cela, ma raison commença à se demander si le pauvre n'est finalement pas celui qui mérite une plus grande considération. Pourquoi, s'interroge-t-elle, les dirigeants de ce monde ne font pas ce qu'il faut pour être à leur chevet ? Par eux, ils trouveront le bonheur d'être agréable à Dieu, dont ils se réclament tous d'être les fils (ou les créatures) et ainsi à obtenir que voir leurs noms soient gravés au Ciel. N'est-ce pas le plus grand honneur !

Le troisième intervenant prenant la parole pour répondre à la question posée par ma raison. Il considéra que tout est possible tant que le riche n'oublie pas souvent qu'il a été pauvre à l'origine.

Pauvre de connaissance, bien qu'étant riche ; pauvre de son incapacité à se nourrir seul, c'était le travail de son pauvre majordome affecté à son service. Ce pauvre qui aurait pu porter atteinte à sa vie, mais qui a décidé de le choyer, de bien le traiter, de veiller à ses côtés alors lorsque ses parents étaient au travail ou en voyage à l'extérieur.

Ces exemples montrent à suffisance que l'Amour est une bonne chose, mais si l'Amour n'a pas de force, avec quoi rendront-ils justice à ces pauvres qui se sont occupés d'eux ? C'est avec cette question soulevée par ce panéliste que ma raison témoigna de son illumination.

Elle comprit qu'il y avait beaucoup à faire si l'homme voulait obtenir le salut sur terre, condition nécessaire pour obtenir celui du ciel.

Cette discussion qui a démarré sur l'amour puis sur le pouvoir et le salut me permit de me pencher sur le fondement de la mission salvatrice que Jésus confia à soixante-dix de ses disciples : guérir, apporter la bonne nouvelle et être témoin de la Puissance du Père sur l'ennemi. Ils avaient pour consigne de n'en tirer aucune gloire, mais plutôt la joie d'avoir leurs noms inscrits dans les cieux : une bien belle satisfaction.

Il les envoya dans les maisons, sans bourse, sac, ni souliers. Il prit soin de les mettre ne garde de ne se laisser point distraire tout au long du chemin ; apportant la paix dans chaque maison dans laquelle, ils entreraient, demeurant avec les résidents, le temps du message (mangeant et buvant ce qui leur sera présenté sans se nourrir ailleurs que dans cette maison d'accueil).

Pour bien comprendre la scène, soyez fous, imaginez, rien qu'un petit instant, Jésus en Premier ministre devant l'Assemblée nationale présentant son discours de politique générale. Il prend soin d'inviter chaque membre de son Gouvernement à agir en toute humilité pour l'œuvre commune : le bien-être des citoyens et le partage des ressources.

C'est le Premier ministre par excellence qui propose une mission de télé réalité fantastique et dont l'aventure exaltante devrait inspirer plus d'un. Qu'en est-il réellement ? Il s'agit simplement de mettre en place une politique dynamique d'immersion dans le cœur de la cité.

Un week-end programmé sans argent, ni voiture luxueuse, juste l'essentiel contenu dans une petite valise avec quelques tenues de rechange. Des ministres d'abord, des Députés ensuite, envoyés chacun dans une maison d'un quartier populaire pour un séjour de courte durée dormant, passant du temps avec les résidents et se voyant même confier des tâches réelles. Se nourrissant exclusivement de la nourriture achetée et cuisinée par ces derniers, que le repas soit consistant ou non. Ce qui est sûr, c'est que des mesures vont être prises dans l'urgence. Car notre Afrique de moustiques, des maisons aux réfrigérateurs vides, des robinets sans eaux ou aux liquides inquiétants peut se montrer hostile à ceux qui sont habitués par le confort. Il faut l'embellir, cette Afrique.

Vous l'avez compris, il ne s'agit nullement de souffrances à infliger à ces hautes personnalités. Mais plutôt leur offrir des séjours tournants, organisés pour bien cerner les problèmes de la population. C'est un devoir de mémoire quand on a oublié comment vivent les gens qui comptent sur nous et qu'on s'est juré de protéger. Il faut voir cet appel à la vie citoyenne comme un passage obligé, si l'on veut que ces hautes personnalités trouvent des solutions plus adaptées, efficaces et durables dans le temps. Et cela n'est possible qu'à partir de la maîtrise des difficultés des concitoyens.

L'Afrique a besoin d'être pansée, repensée. Les discours longs, beaux (dans la plupart des cas) finissent par devenir creux lorsqu'ils ne sont pas suivis d'actions concrètes et de solutions justes.

Ceux qui gagnent beaucoup, doivent savoir comment vivent ceux qui n'ont pas assez et qui sont asphyxiés par le poids des charges fixes (logement, transport, nourriture…). Ils doivent savoir que beaucoup ne disposent pas d'épargne ou lorsqu'ils en ont une, celle-ci ne dure que le temps d'une seconde. Comment penser qu'ils auront le temps et l'argent pour offrir des loisirs sains à leurs enfants.

La nécessité de telles expériences s'impose car créatrice du lien social. Si l'on en juge par l'adhésion de plusieurs peuples à la déclaration des droits de l'homme et du citoyen, Tous les citoyens sont égaux. Il est dont normal que chacun joue le jeu et accepte de vivre la réalité des autres. Cela permettra également d'éviter que des mesures qui embarrassent les autres soient prises par ceux qui n'ont pas la mesure de l'embarras causé.

Chaque dirigeant africain pourrait profiter de cette folie passagère et la considérer comme une vision toute aussi simple d'un mieux vivre sur terre pour les personnes dont elles ont la charge. Après avoir régler les problèmes de ses concitoyens, il pourra, s'il le désire, profiter pleinement des ressources de son pays, sans toutefois les assécher. Il faut aussi penser aux générations futures qui disposeront d'un bon modèle de développement à léguer à celle à venir.

Voici à bien y penser un peu de démocratie livrée pour vous, fondée sur un contrat socialisant. Et qui peut profiter à toute société.

Pourquoi l'État ne serait-il pas Providence ? Ou comment le patriotisme est-il devenu une fable.

Je suis toujours convaincu que le chapelet déversé à tout va sur la nécessité d'admettre définitivement la mort de l'État providence pour le salut des peuples constitue un amas poétique de déchets prophétiques. Je pense qu'un pays qui regorge de richesses immenses doit pouvoir s'imposer une feuille de route axée sur la satisfaction des besoins de sa population. Un pays qui produit du pétrole doit vendre à des tarifs suffisamment bas le pétrole et ses dérivés à sa population. Un pays qui a du bois doit pouvoir construire des milliers de maisons et les vendre à sa population à des loyers modérés. Un pays qui a de l'or doit pouvoir partager le produit de cette richesse en bonus dans les salaires de sa population ou la considérer comme ressources essentielles destinées à soutenir tels ou tels programmes. Pour moi, l'État est une entité qui doit combattre les inégalités, les disparités. Les politiques qui vont dans le sens de maintenir la population dans la précarité, dans l'ignorance, dans l'esclavage doivent être condamnées, rejetées sinon balayées. On peut s'étonner que les spécialistes des ajustements structurels, politiques ayant déstabilisé les pays africains, continuent à conseiller les responsables africains. De la production à la distribution, tout ce qui appartenait à l'État a été privatisé. Pourtant une rétrospective rapide dans les années 40, nous permet de nous rendre témoins de la mise en place d'un système qui a été comme le plus humain des systèmes. L'homme a pu se sentir plus humain que loup cette fois-ci. Par cet esprit de solidarité qu'il a su rendre possible, mettre en exergue, le monde était parti pour des siècles de prospérités. En effet, à travers la volonté affichée d'offrir à son semblable une protection sociale, celui-ci avait encore des beaux jours devant lui. Mais ensuite est arrivée la crise ! Les moins humains ont commencé à prétendre que devant la sécheresse des finances publiques il était devenu impossible de poursuivre les actions de solidarité, surtout dans un contexte de régression du taux de croissance économique. Mais qui serait assez fou ou courageux (c'est selon) pour dire à haute voix que c'est le peuple qui profite des taux élevés de la croissance économique. Où va vraiment l'argent qui entre ? Sinon on peut aussi chercher où va l'argent qui sort ? Comment sort l'argent qui entre ? La transparence de tels flux doit être de mise car lorsqu'une frange de la population peut sortir sans justificatif des sommes colossales ou sans rendre compte, il peut être inquiétant de demander à ceux qui n'ont rien sorti de rembourser ou de contribuer à fermer les tranchées béantes creusées par les amoureux de l'argent rond (il attire comme le ballon rond, mais se joue différemment). Ceux qui se servent sans frein mais qui refusent de donner à la majorité (en souffrance), vivent avec l'idée d'un État providence qu'ils refusent aux autres. Et ces personnes sont convaincues que l'objectif de la population est de devenir riche comme elles. C'est là qu'elles se trompent. La population a des besoins identifiés depuis bien longtemps. Ces besoins ont eu un nom : besoins primaires. Mais parce que la population en a été souvent privée, elle a commencé à devenir désireuse d'autres choses, d'un peu plus, du meilleur aussi. Il faut malgré tout considéré que cet appétit a toujours été modéré quel qu'il fut. L'erreur des responsables a été de tenter de gaver la population par des actions devenues vaines et inefficaces. Alors qu'il s'agissait de donner du travail aux gens, pour les rendre ainsi productifs, plus humains, les dirigeants ont commencé à les précariser tout en leur fournissant des services balkanisés. Vous connaissez ce genre de services, des services affublés d'une étiquette. Les dons aux personnes fragiles, faibles, pauvres, l'approvisionnement en eau des habitants des quartiers défavorisés, sous intégrés, l'ouverture des gardes des filles mères, des filles déscolarisées, des femmes battues, des hommes mutilés. Des classes, des catégories d'être montrés du doigt parce qu'une classe dirigeante n'a pas compris qu'un homme est un homme, qu'une femme est une femme, qu'un enfant est un enfant. Ainsi en voulant aider en discriminant, en sériant les individus, on bascule trop facilement dans le maintien de ces personnes dans ces catégories. Observez bien le phénomène, vous constaterez que les chiffres croissent toujours et ne diminuent que parce que certaines de ces personnes finissent par mourir ou se laisser mourir. Alors en quoi réellement c'est mal de militer pour une redistribution de la richesse plus équitable. Le privé a pour vocation de rendre les gens qui y travaillent riches. L'État doit avoir lui pour vocation de rendre chacun de ses citoyens capables de sortir de la précarité en leur offrant le minimum requis pour se loger, se nourrir, se vêtir, envoyer ses enfants à l'école, les soigner, les aider à s'autonomiser.

Voilà que parmi ceux qui me lisent, un d'entre-vous précisément m'imagine promeneur solitaire et rêveur. Il a bien gagné sa vie. Il est fonctionnaire en Afrique probablement et milliardaire par-dessus tout. Pourquoi n'investit-il pas dans une partie du pays pour permettre que les jeunes s'autonomisent ? Personne ne va lui demander comment il a fait pour amasser toute sa mauvaise fortune. Mais il trouve normal qu'en si peu de temps (et même s'il avait travaillé depuis 30 ans), il dispose d'un compte aussi garni.

Une chose est sûre, il ne l'emportera pas au Paradis. Autrement dit, cette fortune ne le suivra pas l'autre côté. Il devrait donc penser à la partager chaque jour un peu plus pour qu'il parte avec le sourire aux lèvres. Il y a du bon à se sentir humain. En définitive, au lieu de se cacher, de s'isoler dans leurs tours d'ivoires, les riches devraient contribuer à ce que les pauvres ne le fussent plus. Ainsi, selon le modèle économique choisit par un pays, celui-ci permettra d'enrichir une minorité et d'appauvrir une majorité ; il est donc de bonne guerre que ce soit ces riches (favorisés par le modèle) qui contribuent au rééquilibrage. C'est un bon moyen de lutter contre l'arbitraire. On pourrait le voir comme un transfert de richesse. Ce qui est gênant dans cet hymne à la mort de l'État Providence, c'est que les grands chanteurs sont issus des pays qui ont abusé de ce mode d'existence. Ils savent que ce système peut contribuer, lorsqu'il est bien mis en œuvre, à sortir les peuples de la précarité et le pays de la crise. Comment alors que la France s'engage à construire 500 000 logements (en raison d'un déficit criard en logement), les pays africains ne parlent qu'en termes de milliers ? Il nous faut être plus ambitieux et plus patriotes, au grand dam des inquisiteurs financiers.

Le Complot des Francs-Maçons contre l'Afrique (CFA)

Voilà une autre folie, me direz-vous probablement. Mais où va-t-il chercher pareille ineptie ? C'est donc un théoricien du complot, ce colonisé mal indépendant. Mais n'est-ce pas le lieu d'en parler, retournez voir le titre du livre et peut-être que là, vous arriverez à me pardonner. On parle de philo-folie ou l'art de questionner en renversant la sagesse.

Que savons-nous donc de l'influence de la franc-maçonnerie en Afrique ? On sait que les Européens l'ont amenée en 1781. C'est au Sénégal et précisément à Saint-Louis, que le Grand-Orient de France a créé sa première loge. A partir de 1960, les pays africains francophones vont devenir friands de de ce « courant de pensée ». Toutefois, quelques pays africains l'ont combattue (la Côte d'Ivoire de Félix Houphouët-Boigny, le Bénin et aussi Madagascar).

Il semblerait que c'est la capacité de ces groupes à freiner le désir du peuple de s'affranchir de la métropole a été très mal vécue. Les Européens étaient tout sauf des gentils à cette époque. Le souvenir traumatisant des armes létales employées pour soumettre les autochtones reste encore marqué dans l'inconscient collectif des africains.

On peut lire sur un site sur la toile que : « ___La plupart de ces sociétés maçonniques « africaines » sont nées d'une fusion des loges françaises qui, depuis l'époque coloniale et même esclavagiste (le Grand Orient étant présent à Saint-Louis au Sénégal depuis 1781), ont labouré le sol africain en toute discrétion à savoir : le Grand Orient et la Grande Loge de France. Il en est ainsi des Grands Orients et Loges associées du Congo (GOLAC) et du Grand Bénin de la République du Bénin (GBRB), du Grand Rite équatorial gabonais (GRE) qui rivalise avec la Grande Loge Nationale du Gabon, des Grands Orients et Loges unies du Cameroun (GOLUC)___. »

C'est énorme, je sais, mais il y en a eu plus. Ils sont des hommes au pouvoir, des hommes de pouvoir. Des opposants, des dirigeants, des fauteurs de troubles, des maîtres de guerre dévastant tout à leur passage et récoltant tout également.

Ce sont pour la plupart ce qu'on qualifie d'élites africaines, mais en réalité, ils travaillent tous pour le bien de leurs « frères » d'ailleurs. Une machine bien huilée entretenue par des compatriotes aux dents longues. Ils favorisent comme disait ce journaliste « les conditions du pillage en faveur de leurs membres métropolitains, hommes d'affaires ». Ils tissent des relations mafieuses, enveloppées de rituels spirituels et religieux, aux fins purement économiques.

On peut comprendre pourquoi cette élite au pouvoir n'encourage pas la mort brutale du franc CFA. Cette monnaie qui constitue un poids pour l'Afrique et une malédiction qui frappe tout dirigeant qui la remettrait en cause. Cet argent qui sert à tout financer à l'extérieur mais qui est incapable de régler les problèmes du peuple. Ce qui revient à se demander à qui elle appartient réellement ?

C'est une monnaie secrète, comme les loges finalement. On l'utilise à l'intérieur du cercle des pays du colonial français mais dès qu'il s'agit de commercer à l'extérieur du cercle, on fait appel à une monnaie internationale (celles des dominants, de exploiteurs, des explorateurs : euros, dollars…).

Eh oui, on fonctionne donc avec deux monnaies. Dire que pendant le débat de la présidentielle française (Le Pen-Macron), l'ancien ministre de l'Économie affirmait à la patronne du Front national que c'était impossible de fonctionner avec une monnaie interne (écu) et une externe (euro) parce que cela serait insoutenable pour la France. Il la défiait de présenter un système qui marcherait dans un tel cas de figure. J'aurai aimé qu'elle livre en pâture l'Afrique francophone à Macron, pour savoir ce qu'il dirait de la situation dans laquelle la France nous plonge depuis la création de cette monnaie esclavagiste.

Je comprends aussi mieux pourquoi personne (les autres pays occidentaux) ne nous soutient dans cette bataille. Ils sont tous frères, certes de différentes loges mais ils se trouvent tous dans le même camp. Au nom de l'assistance mutuelle, ces grands donneurs de leçon sacrifient les peuples.

Je m'interroge sur l'avenir de la jeunesse africaine, surfant sur ces réseaux ou avide d'y entrer. Ces jeunes deviendront-ils comme leurs aînés, ne remettant pas en question le système aliénant qu'ils vénèrent, mais qui exploitent le peuple ? Pas d'écoles, pas de justice, pas de travail, des soins chers, dispensaires et hôpitaux sans médicaments.

Mais que dire du franc CFA ? Sa date de naissance est le 26 décembre 1945. Date de la ratification par la France des accords de Bretton Woods. Il signifie alors "franc des Colonies Françaises d'Afrique".

On lui attribue les nombreuses crises de l'Afrique du nord et de l'Afrique Centrale et surtout précarité des populations africaines en dépit étrangement de l'immensité des richesses dont dispose le continent. Je cite les propos d'un journaliste : « L'appartenance des **dirigeants africains aux loges, sectes et autres sociétés occultes** est la principale raison des déboires du continent. Le problème de l'Afrique, c'est que pratiquement tous les dirigeants sont des francs-maçons. »

Voilà ce qu'il ajoute : « La franc-maçonnerie est une organisation internationale qui a pour objectif de créer **un gouvernement mondial unique**. Les institutions comme **le Fonds monétaire international (FMI), l'ONU ou encore la Banque mondiale en font partie** ». Or, le FMI est l'Institution qui a garanti en 1945 la parité de ce franc. Drôle d'histoire, affaire à suivre….

Confiance — Méfiance — Défiance

Si le premier terme se mérite, le deuxième est la résultante du non-respect du premier. Chaque fois que le deuxième se manifeste, une rupture est consommée. Cette érosion souvent lourde de conséquences finit par dépasser les parties en présence. C'est le cas des politiques lorsque que leurs électeurs commencent par ne plus succomber aux charmes de leurs douces lyriques manifestement devenues « empoisonnées ». C'est le début d'un cauchemar avec pour conséquence immédiate une descente abyssale digne d'un cauchemar en cuisine. Seuls les plus chanceux arrivent à redresser la barre. Mais pour cela, ils seront contraints d'accepter de changer. De s'améliorer ? Je ne sais pas, j'aimerai bien. Cela n'est pas impossible, mais difficile à réaliser. Il faudrait pour cela comprendre comment se tissent leurs relations.

Ainsi, lorsque trop souvent les intérêts des personnes sont menacés, elles finissent par passer de la méfiance à la défiance. C'est donc l'augmentation des mensonges des politiques ou des dirigeants qui rend possible ce basculement parfois chaotique.

A ce propos, certains arrivent à se convaincre que la population devient trop exigeante et de ce fait, il est impossible aux dirigeants de réaliser toutes les attentes du peuple. Cependant, ces personnes oublient que ce sont parfois les dirigeants eux-mêmes qui font rêver leurs électeurs avec des promesses plus folles, plus déroutantes, plus enivrantes.

La confiance suppose la transparence. Dans cette relation, l'autre est envisagé comme utile et important. L'information est partagée à tous pour le bien de tous. Dès cet instant, chaque action réalisée par le dirigeant peut être analysée, contrôlée, évaluée par son Peuple. Il devient facile pour lui de savoir si ses besoins réels sont pris en compte. Un dirigeant doit pouvoir dire à son peuple « qu'il sera heureux que lorsque son peuple le sera ». Mais dès l'instant qu'il le dit, il doit se mettre à l'œuvre. Personne ne doit freiner son action, au risque que ce frein ne soit considéré comme une haute trahison, donc un crime.

Par le jeu de la défiance, le Peuple peut exiger des comptes aux dirigeants. Dans ce cas, il est nécessaire que le Peuple soit suffisamment armé (non pas de gourdin) mais de connaissances pour éviter la duperie, la supercherie. Si la Constitution permet aux

Députés de défier le Premier ministre, la Séparation des pouvoirs est aussi un autre moyen où la défiance peut s'exprimer. Ainsi, s'il est permis aux Institutions de défier l'Autorité, pourquoi considérer que le Peuple est fou lorsqu'il décide de marcher à la rue ?

A ce stade, on peut donc penser que la progression de la méfiance et de la défiance résulterait du recul des dirigeants à bien conduire leurs populations. Mais pourquoi et comment ces dirigeants deviennent-ils sourds et aveugles alors qu'il existait au départ de leur relation avec le peuple un fort degré de connexion ?

Vous proposez de réduire le chômage et quelque temps après vous ne mettez pas en place une véritable stratégie de formation reconversion. Comment ne vont-ils pas douter de vous ? Vous promettez de créer des conditions d'apprentissage scolaire à la pointe et vous n'arrivez pas à construire des écoles et à changer les paradigmes mis place par des gens dont la culture diffère de celle de votre pays. Pourquoi doivent-ils applaudir quand vous passez ? Vous vous engagez à sortir le sport et les sportifs du trou noir dans lequel ils s'enfoncent chaque jour et vous ne parvenez pas à discriminer les sports à forte valeur éducative, économique, ludique. Nombreux de vos sportifs progressent seuls et atteignent les marches les plus élevées à l'international et cependant, sont-ils considérés chez eux ? Vous entendez remettre l'économie sur les rails et vous savez ce qu'il faut faire pour la relancer et quels secteurs valoriser mais pourtant les entreprises ferment et les entrepreneurs étrangers rapatrient leurs bénéfices tout en augmentant leurs salaires.

Dialogue - Tolérance – Paix

J'ai trouvé ce triptyque, qui est la devise du parti le plus puissant du Gabon (le Parti Démocratique Gabonais ou P.D.G), intéressant. Je pense que cette devise pourrait considérer comme la devise dont le monde a besoin.

Dans un monde global et où la tendance est à l'extrémisme, au barbarisme, à la violence exacerbée, parvenir à dialoguer doit être la chose à privilégier si on veut à tout prix réduire les tensions, mais aussi rassembler les gens.

Les communicateurs considèrent qu'il y a dialogue dès le moment où un émetteur échange réciproquement avec un récepteur. Une séquence de décodage a lieu dans le but d'identifier le message reçu. Cette interaction est essentielle. Le dialogue peut se présenter comme un échange de parole ou de signes compris par les différents protagonistes. Il s'impose, c'est en quelque sorte la boussole qui guide chaque être humain convaincu que l'ignorance de l'autre conduit inéluctablement soit vers sa mort ou vers sa négation.

Je sais, dialoguer n'est pas toujours créateur de génie. La Bible nous rapporte d'ailleurs l'histoire où la folie des Hommes unis les a conduits, parce que partageant la même vision, à défier les dieux, à vouloir les détrôner. Ils ont commencé à construire une immense tour appelée TOUR DE BABEL. Afin d'empêcher ce renversement, Dieu décida de semer dans leurs esprits une pagaille langagière qui les condamna à ne plus se comprendre.

Cette histoire montre que lorsque des personnes s'entendent, c'est étrangement pour destituer l'autre. L'union faisant la force, tout, devient, remise en question de l'ordre établi et proclamation de la fin d'un système, d'un régime. Cela sonne comme le credo de l'opprimé. Or, il sonne faux si les gens ne comprennent pas qu'au lieu des armes létales, la meilleure arme reste le dialogue. Pour cela, il faut réaliser un effort sisyphéen.

Devant chaque différence, il faut chercher à comprendre son origine humaine, spirituelle… Si elle est le résultat d'un caprice humain, il faut pouvoir convaincre l'autre de s'en débarrasser ; si elle est le résultat d'une impulsion invisible et spirituelle, alors elle peut être tolérée car son caractère nocif n'est pas certain. La tolérance doit se voir comme la boussole qui fait constater à l'un le degré d'humanité de l'autre. Elle n'est pas donnée. C'est le résultat d'un progrès de l'humanité.

Soyons bien d'accord, tolérer ne veut pas dire tout accepter, tout justifier. Le Christ nous a montré la voie. Sa tolérance et son amour sans faille envers son prochain a marqué nos esprits. Cependant, il n'a pas manqué de se mettre en colère contre ceux qui commerçaient autour du Temple. Sa colère, si grande, si normale mais pourtant incomprise par les personnes entretenant ce commerce. L'amour peut être choqué mais peut aussi choquer. La tolérance est l'arme du sage mais aussi sa faiblesse. Les peuples doivent la saisir et la forger dans le métal le plus précieux (le même sang qui coule leurs veines).

RAISONS RAISONNANTES ET FOLIES AFFOLANTES

Hymne à Port-Gentil

Port-Gentil, ville réputée gentille,
Tu dois ton nom à Émile Gentil ?
Ville du pétrole et des gens nantis,
Tu connais une sécheresse et je compatis.

Doit-on te laisser mourir ?
Comme le pensent ceux qui n'ont rien reçu de
toi et qui arbore un sourire !
Je suis convaincu que tu peux rebondir,
Car quand je tombais tu m'as appris à repartir.

Nous tes enfants nous nous battrons,
Dans une lutte que nous gagnerons,
Nos idées nous les exposerons,
Pour un essor que nous bâtirons.

Le temps est venu de nous regrouper,
L'heure est venue de nous soulever,
Chacun à sa place sera installé,
Avec pour mission de te relever.

Rage au ventre

Leurs cœurs sont gros, normal, ils se servent trop,
Ce qui est grotesque, c'est qu'il n'y a pas de médicaments dans les hôpitaux,
De vraies pastèques, toutes garnies avec le jus qu'il faut,
Pendant ce temps, les bibliothèques sont vides et les livres manquent,
Les vide-greniers sont organisés pour que les gens puissent survivre,
Les organisations des nations-unies autrefois puissantes, ne savent plus comment agir,
L'unité des populations et des pays n'est que vains mots,
Les paysans sont toujours pauvres et les dirigeants toujours plus riches,
La pauvreté serait une richesse si on procédait au décompte des pauvres,
Mais faut-il aussi comptabiliser les morts selon l'origine de leurs décès,
Puisque le taux de mortalité a pris le dessus sur le taux de natalité,
Pourtant ceux qui sont au-dessus des autres n'en sont pas choqués,

Comme si Autrui n'est finalement qu'un individu qu'ils ne sont pas obligés de comprendre,
De soigner, de protéger, d'éduquer, d'embaucher, de dire la vérité,
C'est la course à l'individualité qui est responsable de cet écart entre les uns et les autres,
Où se trouve la responsabilité de ceux qui sont censés accompagner ceux qui les votent,
La trouvaille du jour est plutôt de diriger l'armée contre les révoltés,
Mais pourquoi avoir changé de direction, de cap, chers dirigeants,
La capitale a faim, la capitale se meurt mais vous non,
La famine n'est pas à créer mais à combattre avec la dernière énergie,
La création est divine, il faut pouvoir extraire de son sein que du bien,
On a l'impression que vous jouez au dé, votre méthode a des failles,
Les entreprises sont en faillites, l'État se présente aussi comme tel,
Vos prises de position doivent être en faveur de vos sujets,
Favoriser le démuni, le faible, l'économiquement faible

Celui qui n'a pas assez,
L'économie doit être au service des hommes et non les asservir,
Faut-il rappeler que l'aliénation est une des conséquences de l'asservissement,
Cette séquence prend fin, mais retentira dans vos esprits en paix,
Une vie paisible est ce qu'offre aux autres celui qui est sage.

Afrique révoltée

Afrique silencieuse qui observe,
Afrique malheureuse qui s'énerve,
Afrique gracieuse qui se conserve,
Afrique audacieuse qui se réserve,

Fille gâtée, chargée, illuminée
Femme adulée, mariée, initiée
Mère sensée, engagée, immaculée
Grand-mère protégée, soignée, imitée

Que deviennent ceux que tu as éduqués
Qui, la nuit tombée ont déjà abdiqué
Faut-il sonner les tam-tams et les convoquer
Sans qu'ils s'offusquent et se croient démasqués

L'avenir est hypothéqué, les richesses confisquées
Se souvenir est compliqué, les mémoires sont choquées
Intervenir est critiqué, les idées sont attaquées
Rebondir est moqué, les volontés sont intoxiquées

Porteuse, berceuse, chanteuse, mystérieuse
Radieuse, capricieuse, glorieuse, superstitieuse
Ingénieuse, harmonieuse, délicieuse, mélodieuse
Ils te veulent sans trop savoir pourquoi
pernicieuse, artificieuse, avaricieuse, infectieuse...

Élections controversées

Voici bientôt l'annonce des résultats,
Ici c'est le branle-bas de combat,
Même si les sondages sont au plus bas,
Les équipes n'en démordent pas.

Voilà que retentit le nom du vainqueur,
Mais sitôt, on le désigne comme truqueur,
Un groupe accepte la défaite à contrecœur,
Un autre la rejette avec rancœur.

Plus-tard, les voix de la contestation résonnent,
Le sang de la jeunesse déçue bouillonne,
Dans ce tumulte, la joie des vainqueurs détonne,
Sous une hardiesse quasiment mollassonne.

Les observateurs s'érigeant en thérapeutes,
Redoutent des manifestations, des émeutes
Les organisateurs s'érigeant en herméneutes,
Disposent de moyens dissuasifs anti-émeutes.

Des milliers de morts jonchent les rues,
Des milliers de vie horriblement disparu,
Pendant que les instigateurs moustachus,
Se délectent du spectacle comme des sangsues.

La communauté internationale détendue,
Guidée par les intérêts d'un occident bien dodu,
Se jouant des espoirs d'un battu bien tondu,
Prépare un plan de sortie de crise bien (dé)fendue.

Ombres lumineuses

Il est bientôt 17 heures, heure du réveil des ombres,
Heure du réveil des voix, heure de la procession,
Ils seront tous là, femmes, hommes et enfants, dans une cadence régulière,
Devant ce spectacle surprenant, mon cœur, non accoutumé, accélère ses battements,
Comme s'il voulait s'arrêter pour que je les rejoigne,
Dès cet instant, je frémis, la peur de me sentir épié, suivi, traqué m'envahit,
Les encadreurs de cette marche m'ont-ils repéré ?
Vont-ils venir me chercher ? En ont-ils le droit ?
Autour de moi, personne ne perçoit cette horde de passant,
Pourquoi suis-je le seul à en être témoin ?
Pourquoi, alors que plongé dans cette vision, je me perçois telle une victime ? Serait-ce un malentendu ? Une erreur de perception ?

Une crainte de l'enfant en moi perdu dans un obscur confinement et qui attendait d'être inondé par la lumière ?
Qui l'a vécu ? Qui me comprend ? Qui me soutient ? Qui me rassure ? Que dois-je penser ?
Silence, jeune cœur ! Je vais te dire ce qu'il se passe, m'entendis-je dire ?
Mes yeux se sont ouverts non à un autre monde, mais à la réalité du monde,
Ma raison s'est emballée et tu t'es sentie fissurée,
Tu vas apprendre à vivre avec cette connaissance,
Ce savoir t'affranchira des chimères véhiculées par l'ignorance,
La seule réalité est que l'invisible vit dans le visible, mais pour le voir il t'a fallu obtenir ses yeux,
Ainsi chaque réalité à ses propres yeux, son propre corps,
C'est pour cette raison que ta mort était nécessaire,
Ta mort, qui est don de soi, est utile pour poursuivre ton voyage,
L'initiation est la fin de l'errance, le début de la quête : Que la lumière soit !

Marcher sur des charbons ardents

Tout est permis ! On aura tout entendu,
Tout est proscrit ! On les aura tous pendus,
Tout est fini ! On part sur des malentendus,
Tout est à refaire ! On aura bientôt tout vendu.

Légaliser l'avortement ! Personne n'est mort,
Légaliser les drogues ! Expédiez-les à bon port,
Légaliser les armes ! Tuez sans remords,
Légaliser la corruption ! Prenez mais faites le mort.

La torture en Amérique ! Recueil d'informations,
La torture en Europe ! Action de conscientisation,
La torture en Afrique ! Respect de la Constitution,
La torture en Asie ! Éducation de la Population.

Nier Dieu ! C'est s'hypothéquer un avenir glorieux,
Nier Dieu ! C'est renoncer à un humanisme joyeux,
Nier Dieu ! C'est se détourner d'un chemin lumineux,
Nier Dieu ! C'est plaider pour un hiver douloureux.

Les mauvaises personnes ! Suscitent des actes pervers,
Les mauvaises personnes ! Rendent la vie amère,
Les mauvaises personnes ! Transforment la terre en enfer,
Les mauvaises personnes ! Inspirent l'aridité d'un désert.